Die 7 Geheimnisse der Schildkröte

ALJOSCHA LONG
RONALD SCHWEPPE

Die 7 Geheimnisse der Schildkröte

Den Alltag entschleunigen,
das Leben entdecken

Lotos

Sollte diese Publikation Links auf Webseiten Dritter enthalten,
so übernehmen wir für deren Inhalte keine Haftung, da wir uns diese
nicht zu eigen machen, sondern lediglich auf deren Stand zum Zeitpunkt
der Erstveröffentlichung verweisen.

Verlagsgruppe Random House FSC® N001967

Zweite Auflage 2019
Copyright © 2007 / 2019 by Lotos Verlag, München,
in der Verlagsgruppe Random House GmbH,
Neumarkter Straße 28, 81673 München
Alle Rechte sind vorbehalten. Printed in Germany.
Umschlaggestaltung: Guter Punkt, München,
unter Verwendung eines Motivs von © Kopirin / shutterstock
Gestaltung und Satz: HildenDesign, München
Illustrationen Innenteil: © Maximilian Meinzold / HildenDesign, München
sowie © Graphic Ornaments, published
by The Pepin Press, www.pepinpress.com
Druck und Bindung: GGP Media GmbH, Pößneck
ISBN 978-3-7787-8286-6

www.Integral-Lotos-Ansata.de
www.facebook.com/Integral.Lotos.Ansata

www.long-schweppe.de
www.instagram.com/longschweppe

Ein Buch, wenn es so zugeklappt daliegt, ist ein gebundenes, schlafloses Tierchen, welches keinem was zuleide tut. Wer es nicht aufweckt, den gähnt es nicht an. Wer ihm die Nase nicht gerade zwischen die Kiefern steckt, den beißt es auch nicht.

Wilhelm Busch

INHALT

IN SICH SELBST GEBORGEN SEIN ... 9
    Was Kurma für Sie tun kann 12
        Was Sie vielleicht noch nicht
        über Schildkröten wissen ... 16

Kurma entdeckt das Glück 18

Das Innere nutzen, um das Äußere
in Harmonie zu bringen 24
    Die Tür nach innen öffnen 28
    Der wichtigste Schritt: zur Besinnung kommen 30
    Zeit zu gehen, Zeit zu kommen 31

Kurmas sieben Wege zum Glück 32
    Was wir von Kurma lernen können 34

KURMAS 7 GEHEIMNISSE   37

1 GELASSENHEIT – *Das Geheimnis,*
die Ruhe zu bewahren, was immer auch geschieht …   38

2 LANGSAMKEIT – *Das Geheimnis,*
sich viel, viel Zeit zu nehmen …   80

3 BESTÄNDIGKEIT – *Das Geheimnis, niemals*
aufzugeben und sein Ziel nicht aus den Augen zu lassen 122

4 WANDLUNGSFÄHIGKEIT – *Das Geheimnis*
nachzugeben   154

5 GENÜGSAMKEIT – *Das Geheimnis,*
leicht und schnell zufrieden zu sein   182

6 FRIEDFERTIGKEIT – *Das Geheimnis,*
sanftmütig zu sich und anderen zu sein   222

7 SAMMLUNG – *Das Geheimnis,*
ganz bei sich selbst zu bleiben …   256

Verzeichnis der Übungen   284

IN SICH SELBST GEBORGEN SEIN...

»Wer gleich einer Schildkröte, die ihre Glieder in den Panzer zurückzuziehen vermag, imstande ist, seine Sinne zu kontrollieren, indem er sie von den weltlichen Reizen zurückzieht, der ist mit dem Höchsten Bewusstsein verbunden.«

(Srimad Bhagavadgita – Vers 58)

Unten am Ufer des Flusses, im Schatten der Bäume bei den Fischerbooten, lebte Kurma, die weise Schildkröte. Im klaren Wasser der Bucht genoss sie ihr Bad, auf dem warmen Kies sonnte sie sich, und immer, wenn sie sich zum Träumen niederlegte – und das geschah ziemlich oft –, machte sie es sich im schattigen Laub des Mango-Hains gemütlich.

Auf den ersten Blick wirkte Kurma wie eine ganz gewöhnliche Schildkröte. Und doch konnte sie etwas, was weder Pikki, die Feldmaus, noch Mahuna, der Büffel – ja was außer ihr kein anderes Tier vermochte: Im Laufe ihres langen Lebens hatte Kurma gelernt, sich ganz und gar in sich selbst zurückzuziehen. Im Gegensatz zu gewöhnlichen Schildkröten, die damit zufrieden waren, Kopf, Schwanz und Beine einzuziehen, besaß Kurma allerdings die Fähigkeit, auch ihren Geist völlig von dieser Welt abzuschirmen – und so waren ihre Gedanken mit der Zeit unbeschwert und klar und ihre Gefühle friedvoll und heiter geworden.

Nun gab es nichts, was im Wäldchen nahe des Mango-Hains lange verborgen geblieben wäre: Selbst die allergeheimsten Geheimnisse sprachen sich schnell herum, denn was Kapih, der Affe, erfuhr, das erzählte er auf der Stelle Pikki, der Maus, und die erzählte es sogleich Manduki, dem Frosch, und so ging es immer weiter. Also kam es, dass Kurma, ohne das je gewollt zu haben, zur weisen Lehrerin für alle Tiere des Waldes wurde. Ganz gleich, ob von nah oder fern – wer auch immer sich ihr in seiner Not anvertraute, ging, auch wenn er noch so beschwert gekommen war, erleichtert und befreit seiner Wege.

Wie erstaunlich war das doch: Ohne sich selbst zu bewegen, brachte Kurma alles um sie herum in Bewegung. Obwohl sie nichts zu tun schien, blieb doch nichts in ihrer Nähe ungetan. Und ausgerechnet sie, die an nichts festhielt, war es, die schließlich alle für sich gewann …

WAS KURMA FÜR SIE TUN KANN

Wir wissen natürlich nicht, was Sie dazu bewogen haben mag, ein Buch über eine Schildkröte in die Hand zu nehmen. Denn immerhin – auch wenn Kurma zugegebenermaßen ziemlich außergewöhnlich ist, so ist sie doch vor allem eines: eine sehr, sehr alte Schildkröte. Daher sollten Sie wissen, dass Sie von Schildkröten nur ganz bestimmte Dinge lernen können. Im Großen und Ganzen gibt es eigentlich nur eines, was Kurma Sie wirklich lehren kann: die Kunst des Nichtstuns. Sie können lernen, wie Sie sich zurückziehen, Ihre Kräfte sammeln und die Ruhe bewahren – und nicht sehr viel mehr.

Vielleicht erscheint es Ihnen ja nicht besonders lohnenswert, einmal ganz und gar nichts zu tun, zu nichts nütze zu sein oder sogar völlig im »Nichts« zu verschwinden (und sei es auch nur für eine gewisse Zeit). Jedoch: Nicht alles, was auf den ersten Blick lohnenswert erscheint, ist es am Ende auch. Umgekehrt ist vieles, was einem erst einmal belanglos vorkommen mag, oft mehr wert als ein Sechser im Lotto.

Die Kunst, in sich selbst zu Hause zu sein, beherrschen heute nur noch wenige. Doch mit jedem Moment, in dem Sie sich in sich selbst zurückziehen und Ihren Geist zur Ruhe bringen, öffnen Sie Stück für Stück eine Tür, die zu mehr Geborgenheit und Zufriedenheit führt. Gerade in Krisenzeiten, wenn Sie mit Ihrem Latein am Ende sind, kann das sehr hilfreich sein. Dann ist es oft am besten, den Dingen ihren Lauf zu lassen und darauf zu vertrauen, dass die Lösung nicht von außen, sondern von innen kommen wird.

Falls Sie sich in einigen der folgenden Aussagen wieder erkennen, lohnt es sich für Sie ganz besonders, sich mit den *Sieben Geheim - nissen der Schildkröte* zu beschäftigen:

❀ »Ich möchte lernen, Geborgenheit, Sicherheit und
 Ruhe in mir selbst zu finden.«

❀ »Ich glaube, ich habe die Orientierung verloren.
 Ich weiß längst nicht mehr so genau, wie mein Weg aussieht
 und welche Ziele sich für mich wirklich lohnen.«

❀ »Ich neige zu Ängstlichkeit und mache mir oft Sorgen
 über alles Mögliche.«

❀ »Die tägliche Hektik geht mir auf die Nerven.
 Ich bin oft unruhig oder reagiere leicht gereizt.«

❀ »Ich wurde in meinem Leben oft enttäuscht und manchmal sogar richtig verletzt.«

❀ »Ich bin unzufrieden – mit mir selbst, meinem Aussehen, meinen Leistungen, im Grunde mit meinem ganzen Leben.«

❀ »Ich bin nicht wirklich glücklich – und irgendwie glaube ich doch fest daran, dass ich es sein sollte und auch sein kann.«

Kurma kann Ihnen weder beibringen, wie man Fahrradreifen flickt, noch wie man sein Sternzeichen richtig deutet, wie man mehr und schneller Geld verdient oder zum perfekten Zeitmanager wird. Auch wenn Kurmas Einsichten Ihnen dabei helfen dürften, bei alledem die Nerven zu bewahren, geht es doch um etwas anderes: Schildkröten wissen sehr genau, wie man sich schützt und wann es wichtig ist, sich zurückzuziehen – immerhin konnten sie dadurch über Jahrmillionen überleben.

Ebenso wie Schildkröten, haben auch wir Feinde – wenn auch eher innere als äußere: Raubmöwen werden uns schon mal nicht zur Gefahr. Mord und Totschlag sind gottlob auch eher selten, und die Befürchtung, irgendwann einmal als Delikatesse auf einem Teller zu landen, können wir (im Gegensatz zu vielen Schildkröten) ebenfalls getrost fallen lassen. Doch es gibt andere Gefahren, und die bedrohen nicht so sehr unser äußeres als vielmehr unser inneres Leben. Diese Gefahren könnte man auch als Hindernisse bezeichnen – Hindernisse, die uns davon abhalten, glücklich, heiter

In sich selbst geborgen sein

und entspannt zu leben. Auf kurz oder lang können sie uns sogar krank machen und dann zu einer realen Gefahr für Leib und Leben werden. Zu diesen Hindernissen gehören:

- Ängste und Sorgen, die mit Geld, Gesundheit, Umwelt, unserer Karriere, unserer Zukunft, komplizierten Partnern, schwierigen Kindern oder ekelhaften Kollegen zusammenhängen;

- Selbstverurteilungen und Schuldgefühle;

- Stress und Hektik in einer sich immer schneller drehenden Welt, die von DSL-Anschlüssen, ICE-Zügen, unendlich vielen langweiligen Fernsehprogrammen, Handys und einer wahren Flut von Reizen geprägt ist, denen wir täglich ausgeliefert sind;

- Unzufriedenheit, Neid, Habgier oder die Sucht nach Erfolg, Sex oder Alkohol und anderen Substanzen;

- Tägliche Ärgernisse wie Autofahrer, die auf der Autobahn drängeln, Nachbarshunde, die die ganze Nacht bellen, oder Tomatensoßen, die im Topf anbrennen.

Möglich, dass Sie sich jetzt fragen, was eine verbrannte Spaghettisoße denn mit Schildkröten (im Allgemeinen) und Kurma (im Besonderen) zu tun haben mag …

Da hilft nur eines: Lesen Sie am besten noch ein wenig weiter.

WAS SIE VIELLEICHT NOCH NICHT ÜBER SCHILDKRÖTEN WISSEN …

Mögen Sie eigentlich Schildkröten? Wenn ja, dann hoffentlich nicht als Suppenzutat … Doch ganz gleich, ob Sie Schildkröten nun ulkig und interessant oder eher unheimlich und abstoßend finden – eines muss man ihnen lassen: Schildkröten gehören zu dem Außergewöhnlichsten, was das Tierreich jemals hervorgebracht hat!

Welches andere Tier schafft es beispielsweise schon, 250 Jahre alt zu werden? Oder mehr als 3000 km weit durch die Weltmeere zu paddeln?

Lange bevor sich der erste Dinosaurier aus seinem Ei wagte, krochen Kurmas Ahnen bereits munter durch Wald und Wiese. Und während die Dinosaurier bekanntlich längst ausgestorben sind, haben die Schildkröten bis heute überlebt, was sie ihrer enormen Anpassungsfähigkeit verdanken. Schildkröten haben einige Talente, die sie zu wahren Überlebenskünstlern machen:

Schildkröten wissen, wie man sich wirkungsvoll vor Gefahren schützt: Sie können Kopf, Beine und Schwanz einziehen und ihren Panzer anschließend sogar ganz verschließen.

In sich selbst geborgen sein

Sie leben sehr lange, denn sie wissen, wie wichtig es ist, sparsam mit den eigenen Energien umzugehen.

Sie passen sich ihrer Umwelt optimal an – egal ob im Meer, auf dem Land oder in Flüssen, Seen und Sümpfen: Schildkröten fühlen sich fast überall wohl und brauchen für ihr Glück weder Samtkörbchen noch luxussanierte Altbauwohnungen mit Jakuzi.

Indem sie ihre Augenstellung verändern, können Schildkröten unterschiedliche Perspektiven einnehmen – eine Fertigkeit, die Gold wert ist, wenn es darum geht, die Welt auch einmal mit anderen Augen zu sehen.

Schildkröten können enorme Strecken, Tausende von Kilometern, zurücklegen. Auch wenn es schon mal eine ganze Weile dauern mag – ihr Ziel erreichen sie letztlich doch immer, da sie einfach beharrlich bleiben.

Schildkröten sind extrem genügsam: Sie können wochenlang ohne Nahrung auskommen und speichern Wasser lange Zeit, sodass sie früher von Seeleuten als Süßwasserquelle geschätzt waren.

Nicht zuletzt haben Schildkröten die Ruhe weg: Sie können sich vollkommen entspannen und kennen weder Hektik noch Leistungsdruck, weder Burn-out noch Depressionen.

Wie Sie sehen, gibt es einiges, was wir von Schildkröten lernen können. Denn wer würde nicht gerne einmal abtauchen, seine Perspektive verändern oder sich von Stress befreien?

Schon von klein auf verfügte natürlich auch Kurma über all diese Fähigkeiten. Und doch – auf Dauer genügte es ihr einfach nicht, sehr alt werden, sehr weit schwimmen oder sehr entspannt bleiben zu können: Kurma wollte mehr! Und so war es schließlich Kurmas Unzufriedenheit, die ihr zum Segen werden sollte. Hätte Kurma sich mit einem gewöhnlichen Schildkröten-Schicksal abgefunden, so hätte sie sich wohl nie auf die Suche nach dem Glück gemacht – und das Buch, das Sie gerade lesen, gäbe es dann natürlich erst recht nicht …

KURMA ENTDECKT DAS GLÜCK

In einer warmen Vollmondnacht, in der die Sterne sich wie kleine, tanzende Perlen auf den wogenden Wellen des Meeres spiegelten, schlüpfte Kurma als winzige Schildkröte aus dem Ei. Sanft landete sie im weißen Sand, und als sie blinzelnd um sich blickte, lächelte sie zufrieden. Und dazu hatte sie auch allen Grund. Denn Kurma war nicht etwa irgendeiner Eierschale entstiegen, oh nein – es war ein sehr erlesenes Nest, in dem Kurma da gelandet war. Neben Wärme und Sicherheit versprach es vielerlei Annehmlichkeiten, die Kurma alsbald noch genauer kennen lernen sollte.

Kurmas Vater, ein mächtiger Herrscher über ein gewaltiges Schildkröten-Fürstentum, hieß Kurmsuddhi. Trotz seines großen Mutes war er doch auch ein besonnener, weiser Fürst. Kurmas Mutter Kurmaya galt in Schildkrötenkreisen als erlesene Schönheit. Ihre wichtigste Aufgabe sah sie darin, ihre kleine Kurma von Kopf bis Schwanz zu verwöhnen.

In ihrer Jugend *(also immerhin während der ersten 50 Jahre ihres Lebens) hätte Kurma wirklich allen Grund gehabt, rundum glücklich zu sein: Unter wehenden Palmen lag sie auf Hügeln aus cremefarbenem Sand, von wo aus sie einen wunderbaren Blick auf das weite, dunkle Meer genoss. Sie durfte schlafen, solange sie wollte, nie klingelte ein Wecker, der sie zur Arbeit rief, und wann immer ihr nach einem kleinen Ausflug zumute war, standen ihre Schildkrötenfreunde bereit in langer Schlange Kopf an Schwanz, um sie zu begleiten.*

In dem glutheißen Land, in dem Kurma lebte, mussten sich Schildkröten für gewöhnlich mit vertrockneten Gräsern zufrieden geben, und richtig satt wurden sie dabei nie. Kurma hingegen wurde von den dicken Hof-Köchinnen verwöhnt, die ihr von morgens bis abends leckere Speisen vorsetzten: Seltene Waldbeeren waren darunter, exotische Früchte, die kein Mensch je zuvor gesehen hatte, und auch pikant gewürzte Krabben- und Muschelmenüs.

Trotzdem – irgendetwas fehlte Kurma! Und obwohl sie nicht einmal ahnte, was das wohl sein konnte, wurde es immer schlimmer. Je älter Kurma wurde, desto schwerer fiel es ihr, das Tor zum Glück auch nur einen winzigen Spaltbreit zu öffnen – da halfen weder Palmen noch Sandstrand oder Mango-Sorbets. Und das wirklich Dumme war, dass

Kurmas Unzufriedenheit umso größer wurde, je genauer sie sah, was in der kleinen Welt um sie herum vor sich ging:

Da waren etwa die Dorfkinder, die Tränen in den Augen hatten, wenn ihre Eltern sich stritten oder sie nicht beachteten, da sie mit so vielen anderen Dingen beschäftigt waren – und das kam leider ziemlich oft vor.

Da waren jene düsteren Leute aus der Stadt, die Schildkröten einfingen, um deren Füße als Delikatesse in ihren Suppen zu verwenden – ein Gedanke, bei dem es Kurma regelmäßig den Magen umdrehte.

Da waren all die kleinen und großen Gemeinheiten, die Streitereien, die Ängste, die Unruhe und die Sorgen – und auch die vielen Gefahren, die überall lauerten.

Und schließlich gab es so unschöne Dinge wie Halsschmerzen, Verdauungsstörungen oder Vergesslichkeit – Leiden, die nicht nur Menschen, sondern auch Schildkröten jeden Alters mitunter befallen konnten.

Je länger Kurma über all das nachgrübelte, desto mehr verdunkelte sich ihr Herz. Und so war es kein Wunder, dass es ihr irgendwann endgültig zu bunt (oder vielleicht sollte man besser sagen: zu dunkel) wurde. In jener Zeit, als die ersten Herbstwinde ins Land wehten, beschloss Kurma daher, dem Schildkrötenpalast den Panzer zu kehren, und sie suchte das Weite.

In der verdorrten Steppe kam Kurma die Idee, dass der Weg zum Glück vielleicht in der Askese liegen mochte. Von königlichen Speisen noch immer gut gesättigt war dieser Gedanke für sie natürlich auch nicht gerade abwegig. Hinzu kam, dass die Entsagung bei den Wahrheitssuchern jener Zeit sehr beliebt war. Also begann Kurma zu fasten. Sie trank nur noch Wasser und fastete und fastete ... Was sie freilich nicht bedacht hatte, war jedoch, dass Schildkröten nahezu ewig leben können, ohne auch nur einen Grashalm zu essen. Und so verlor sie schon bald die Lust, fraß sich den Bauch mit einem Berg Johannisbeeren voll und machte sich wieder auf ihre Suche nach dem Glück.

In der Höhle des Erdferkels, in der sie zwar nur zufällig gelandet, aber nichtsdestotrotz freundlich empfangen worden war, verfiel sie dem Glücksspiel. Mit Warzenschweinen, Stinktieren und dem kleinen Erdferkel verbrachte sie ganze Nächte damit, zu würfeln, Erdpfeifen zu rauchen und Wacholderbeerschnaps zu trinken. Wenn die Würfel ihr gnädig waren, fühlte Kurma sich kurz wie im Glückstaumel; wenn sie aber verlor – was leider oft passierte – ärgerte sie sich dafür umso mehr. Eines Morgens schleppte sie sich nach durchzechter Nacht an den See, um einen kühlen Schluck zu trinken, als sie plötzlich ihr Spiegelbild im Wasser erblickte. Wahrlich: Wie jemand, der das Glück gefunden hatte, sah sie ganz und gar nicht aus. Was immer es also mit dem Glücksspiel auf sich haben mochte – Glück und Zufriedenheit konnte es einem

In sich selbst geborgen sein

jedenfalls nicht schenken. Im ersten Sonnenlicht verließ Kurma daher die Lasterhöhle und ging enttäuscht ihrer Wege.

An den saftigen Ufern des Ganges *schloss Kurma sich kurzerhand einer Gruppe alter, weiser Schildkröten an, die Spaß daran fanden, sehr lange Zeit in merkwürdigen Körperstellungen zu verweilen. Da sie sehr begabt war, dauerte es nicht lange, bis auch Kurma schließlich auf einem Bein und später sogar auf dem Kopf stehen konnte. Auch lernte sie, die Luft so lange anzuhalten, dass man ihr zwischendurch schon mal kräftig auf den Panzer klopfen musste, um sie daran zu erinnern, dass es höchste Zeit war weiterzuatmen. Obwohl die Übungen ihr Gemüt beruhigten, fand Kurma doch nicht jenes strahlende Glück, nach dem sie suchte. Auch wurde es ihr mit der Zeit zu dumm, stundenlang auf einem Bein zu stehen – und so stellte sie sich lieber wieder auf alle viere und wanderte in die Berge …*

Im geheimnisvollen Kräutergarten *inmitten der Hochebene traf Kurma auf eine Clique sehr entspannter Schildkröten, die ziemlich lustig aussahen, weil lange, zerzauste Haare von ihren verschrumpelten Köpfen herabhingen und ihre Panzer mit bunten Blumen bemalt waren. Als sie der seltsamen Gesellschaft über ihre Suche nach dem Glück berichtete, wurden ihr grinsend einige eigenartige Gräser und Pilze zum Genuss angeboten. Kurma knabberte daran, und je länger sie knabberte, desto verrückter erschien ihr die Welt. Es dauerte nicht lange, da drehte sich ihr Kopf und kleine, blitzende Sternlein tanzten vor ihren Augen hin und her. Kurma verbrachte viele Tage und Nächte* *damit, vor sich hin zu kichern und zu vergessen, wo links und rechts und oben und unten ist. Doch wenngleich sich das alles wirklich sehr lustig anfühlte – auf Dauer wurde es doch etwas ermüdend. Auch das flaue Gefühl im Magen war nicht gerade angenehm, ganz gleich ob es nun von den Kräutern oder von dem Gefühl, Karussell zu fahren, herrühren mochte.*

Frustriert verließ Kurma den Kräutergarten, und sie lief lange Zeit ziellos durch Wälder und Haine. »Leicht ist es, sich in den zehntausend Dingen zu verstricken«, dachte Kurma. »Schwer ist es, das Glück in der Welt wirklich zu finden«, fand sie. Erschöpft setzte sie sich im Schatten eines Feigenbaumes nieder. Müde geworden beobachtete sie die Wolken, die langsam über den Himmel zogen, hörte den Wind, der in den Blättern tanzte, schmeckte das Aroma der Blüten, das der Lufthauch mit sich führte …

Bei sich selbst angekommen begann sie, sich allmählich zu entspannen. Und während sie ihren Körper zur Ruhe kommen ließ, kam auch ihr Atem zur Ruhe. Und indem ihr Atem sich beruhigte, beruhigten sich auch ihre Gedanken und Gefühle. Und während sie ganz darin eintauchte, loszulassen und still zu werden, hatte sie eine befreiende Einsicht – eigentlich waren es sogar vier befreiende Einsichten:

Kurmas vier befreiende Einsichten

*1. Jeder von uns ist auf der Suche nach Glück –
ob er das nun weiß oder nicht.*

*2. Die meisten suchen ihr Glück in äußeren Dingen,
und machen dabei oft bittere Erfahrungen.*

3. Die Tür zum Glück geht nach innen auf.

*4. Frieden und Geborgenheit können wir nur in
uns selbst finden. Doch auch wenn es nur ein Innen gibt,
gibt es doch viele Pfade, die hineinführen.*

DAS INNERE NUTZEN, UM DAS ÄUSSERE IN HARMONIE ZU BRINGEN

Wir alle sind auf der Suche nach Glück. Vielleicht ist uns das nicht immer bewusst, aber wenn wir genauer beobachten, erkennen wir, dass alles, was wir tun, dazu dient, uns besser zu fühlen oder anders gesagt: glücklicher zu werden. Ganz gleich ob wir uns einen neuen Job suchen, unsere To-do-Liste abarbeiten, in den ersehnten Urlaub fliegen, Unmengen an Schokolade verdrücken oder regelmäßig zu tief ins Glas schauen – letztlich versuchen wir doch immer, einen angenehmeren und damit glücklicheren Zustand zu erreichen.

Viele Methoden, die wir – meist unbewusst – anwenden, um Schmerz zu vermeiden oder die Lust am Leben zu steigern, verursachen leider mehr Probleme als sie lösen. Beispielsweise ist es recht unangenehm, mit Kopfschmerzen und einem Kater aufzuwachen, und der Tag ist dann oft schon gelaufen, bevor er überhaupt richtig angefangen hat. Doch in jenem Augenblick, da wir am Abend zuvor zur Weinflasche gegriffen haben, hatte das durchaus angenehme Effekte: Wir haben uns entspannter und wohler gefühlt und konnten vermutlich einen ganz lustigen Abend genießen.

Auf der Suche nach Glück (oder zumindest nach einigermaßen erträglichen Zuständen) taucht jedoch vor allem ein Problem auf: Die Dinge halten nicht, was sie versprechen! Kurze Ekstasen, kleine Fluchten oder vorübergehende Betäubung – all das kann man sicher schnell finden. Doch die Freude währt nicht lange und der Zustand danach ist mitunter noch schlimmer als der davor. Zufriedenheit, Gelassenheit und Glück lassen sich auf diese Weise leider nicht finden.

 *Kurma spricht: »Kümmere dich nicht zu sehr um das Außen – kümmere dich lieber um dein Inneres. Wer das Äußere nutzt, um sein Inneres in Harmonie zu bringen, wird nicht weit kommen. Nutze besser das Innere, um das Äußere zu verwandeln.«*

Es ist normal und gesund, sein Glück erst einmal im Außen zu suchen. Jeder von uns will seine Lebensumstände schließlich so gestalten, dass er sich wohlfühlen kann. Tatsächlich brauchen wir auch ein

In sich selbst geborgen sein

paar Grundbedingungen wie ein Dach über den Kopf, ein paar essbare Dinge im Kühlschrank und einen Rollkragenpulli, wenn es kalt wird. Es ist durchaus vernünftig, dafür zu sorgen, dass wir hier keinen Mangel leiden. Das Problem beginnt meist erst dann, wenn wir unser Glück an zahlreiche Bedingungen knüpfen und in die »Erst-muss-ich-noch…«-Falle tappen. Wahrscheinlich kennen Sie diese Falle, die uns vorgaukelt, dass das Glück schon noch kommen wird. Das Gedankenmuster ist dabei immer das gleiche:

»Erst muss ich noch …
- eine Menge Geld verdienen,
- ein schönes Haus kaufen,
- den richtigen Partner finden,
- warten, bis die Kinder aus dem Haus sind,
- nach Teneriffa fliegen,
- bequemere Schuhe anziehen …

… und dann, erst dann werde ich glücklich sein und mich endlich entspannen und wohlfühlen können.«

Immer wieder tauchen Wünsche auf, die wir erst noch erfüllen wollen, oder Probleme, die wir erst noch lösen müssen. Und so verschieben wir das Glücklichwerden und vertrauen weiterhin darauf, dass wir schon noch genug Zeit haben werden, um später einmal glücklich sein zu können – dann, wenn wir endlich alles erreicht haben werden. Das Dumme ist nur: Es gibt gar nichts zu erreichen! Es ist schon in Ordnung, sich seiner To-do-Liste zu widmen oder bequemere Schuhe anzuziehen – unser Glück hängt davon jedoch nicht ab.

Es kann sehr anstrengend werden, die Welt (und sei es auch nur die kleine Welt um einen herum) zu beherrschen. Tatsache ist, dass sie sich ohnehin nicht beherrschen lässt. Natürlich können wir positiv auf unsere Umgebung, unseren Garten oder unseren Partner einwirken – aber es gibt dabei so vieles, worauf wir keinerlei Einfluss haben: Unsere Gemeinde kann beschließen, nebenan eine Müllverbrennungsanlage zu bauen, unser Garten kann durch eine Maulwurfbande verwüstet werden, unser Partner kann sich neu verlieben …

Im Vergleich zur äußeren Welt können wir auf unsere innere Welt relativ leicht Einfluss nehmen. Statt in der Stadt stundenlang nach Trüffeln für die Spaghettisoße zu suchen und wieder einmal nirgends einen Parkplatz zu finden, können wir uns auch mit einer einfachen Tomatensoße zufrieden geben. (Ein paar leckere Kräuter und etwas Knoblauch schaden ja trotzdem nicht.)

Was immer wir tun, um unser Inneres – unsere Stimmungen, unser Gemüt und unser Lebensgefühl – harmonisch zu verändern, hat positive Folgen, und zwar sowohl direkte als auch indirekte. Wer zufrieden und gelassen ist, fühlt sich nämlich nicht nur selbst wohl, er wirkt auch heilsam auf seine Umgebung und die Menschen, denen er täglich begegnet.

In sich selbst geborgen sein

DIE TÜR NACH INNEN ÖFFNEN

Es gibt sicher einiges, was wir von Schildkröten lernen können. Beispielsweise wie man es schafft, 200 Jahre und älter zu werden. Doch mindestens genauso interessant ist die Fähigkeit, sich jederzeit zurückziehen und sammeln zu können (und vielleicht liegt hier ja auch ein Grund für die Langlebigkeit …). Wenn wir das Glück ohnehin nur in uns selbst finden können, stellt sich natürlich die Frage, wie wir denn da hineinkommen – in uns selbst.

Die Kunst, die dies ermöglicht, nennt man »Meditation«. Meditation ist nichts anderes als die Reise in die eigene Mitte, das innerste Zentrum. Und auch wenn es unterschiedlichste Arten zu meditieren gibt, so gilt doch immer: Wer meditiert, sammelt sich und seine Kräfte. Er kehrt an die Quelle seiner Lebensenergie zurück und entdeckt, was es heißt, ganz und gar bei sich selbst anzukommen – und natürlich entdeckt er dabei auch, dass sich das nicht nur gut anfühlt, sondern auch Selbstsicherheit gibt.

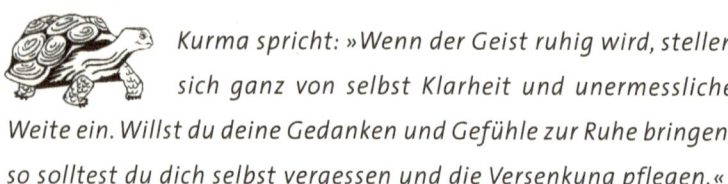

Kurma spricht: »Wenn der Geist ruhig wird, stellen sich ganz von selbst Klarheit und unermessliche Weite ein. Willst du deine Gedanken und Gefühle zur Ruhe bringen, so solltest du dich selbst vergessen und die Versenkung pflegen.«

Versenkung? Das klingt ja doch erst einmal etwas abgehoben. Wenn wir aber davon sprechen, dass Kinder in ihr Spiel, Maler in ihre Farben oder Verliebte in den Duft der Liebe versinken, klingt das schon viel vertrauter. Und apropos »vertraut«: Versenkung heißt eigentlich nichts anderes, als dass das, womit wir uns beschäftigen, uns ganz vertraut wird. Ob wir einer Sinfonie lauschen, einen Sonnenaufgang erleben oder die Hand des geliebten Menschen an unserer Seite halten – wenn wir in diese Augenblicke versinken, kommen wir der Essenz des Lebens viel näher, als wenn unsere Alltagsgedanken Karussell fahren, was leider wesentlich öfter der Fall ist.

Meditation heißt, alles loszulassen, was uns aus unserer Mitte reißt und verwirrt. Wenn wir meditieren, befreien wir uns von allem, was unseren Geist zerstreut – und damit auch von unserem eigenen Affengeist, der die Tür zum Glück versperrt.

Der »Affengeist« entspricht unserem Alltagsbewusstsein. Wie ein Affe, der wie verrückt durch die Bäume springt, springen unsere Gedanken und Gefühle wild von einem Reiz zum nächsten. Dieses oberflächliche Bewusstsein ist unter anderem schuld daran, dass wir wie durch unsichtbare Stricke an die Dinge gebunden sind, die unseren Alltag prägen – wir »hängen« dann an unserem Job, unserer Affäre, unseren Aktienkursen oder unserem Lieblingsrestaurant. Und während es vielleicht noch ganz angenehm ist, an erfreulichen Dingen wie unseren Liebsten zu hängen, hängen wir zugleich leider auch an unseren Ängsten, Sorgen, Erwartungen und an Vorstellungen fest, die oft alles andere als angenehm sind.

Damit frischer Wind durch unseren Geist wehen kann, müssen wir die Tür, die nach innen führt, weit öffnen. Meditation ist eine besonders effektive Methode, die Tür aufzumachen und für »frische

Luft« zu sorgen. Die Frage ist nur: Wie meditiert man überhaupt, und was hat Meditation mit den sieben Geheimnissen der Schildkröte zu tun?

DER WICHTIGSTE SCHRITT: ZUR BESINNUNG KOMMEN

Der erste und wohl wichtigste Schritt in die Meditation besteht darin, sich zu besinnen. »Sich besinnen« bedeutet, sich zu sammeln – und das, was da gesammelt werden soll, sind unsere Sinne.

In der Yogaphilosophie, die sich immerhin seit Jahrtausenden mit dem Thema »Meditation« beschäftigt, steht die Schildkröte als Sinnbild für die Fähigkeit, seine Sinne zurückzuziehen. In seinen *Yoga-Sutras* beschreibt der indische Gelehrte Patanjali *Pratyahara* das »Zurückziehen der Sinnesorgane von den Objekten« als Einstieg in die Meditation. Wer, wie die Schildkröte, die Kopf, Schwanz und Beine einzieht, all seine Sinne und Gedanken von äußeren Dingen abwendet, löst sein Bewusstsein von weltlichen Sorgen und erfährt Kraft, Frieden und Licht.

Kurma spricht: »So wie es Zeiten gibt, sich zu öffnen, gibt es Zeiten, sich zurückzuziehen. Willst du einschlafen, so solltest du das Licht vorher löschen. Willst du die Kraft der Stille bewusst und wach erfahren, so solltest du deine Sinne von der Außenwelt zurückziehen.«

Auch wenn »Pratyahara« vielleicht etwas exotisch klingt – die

Fähigkeit, die dahintersteckt, ist Gold wert! Wer es schafft, einen Gang runterzuschalten und sich auf seine eigene Mitte zu besinnen, kann viele Probleme lösen. Rückzug ist oft eine wesentlich bessere Verteidigung als Angriff! Vor allem dann, wenn wir dabei sind, uns selbst zu verlieren oder fragwürdigen Zielen nachzujagen und unsere Kräfte verschwenden, ist Rückzug meist die beste Strategie. Indem wir unsere Aufmerksamkeit nach innen lenken und uns entspannen, schützen wir Körper und Seele.

Warten Sie also nicht, bis der tägliche Stress Sie in den Burn-out führt oder eine lähmende Depression zum totalen Rückzug zwingt. Ziehen Sie rechtzeitig die Notbremse – zum Beispiel indem Sie sich mit den sieben Geheimnissen beschäftigen. Wer lernt, sein Bewusstsein aus dem hektischen Strom, der unser Leben bestimmt, zu befreien, wird nicht nur glücklich, er schont auch seine Gesundheit und stärkt seine körperlichen und seelischen Abwehrkräfte.

ZEIT ZU GEHEN, ZEIT ZU KOMMEN

So wie es Zeiten gibt, nach außen zu gehen, Aufgaben zu erledigen, Ziele zu verfolgen oder unsere Umwelt bewusst mitzugestalten, sollte es auch Zeiten geben, die nur uns ganz allein gehören. Auch wenn die Kinder noch so sehr quengeln, dicke Ordner auf dem Schreibtisch warten, dringende Telefonate zu führen sind oder das Auto in die Inspektion muss – wir sollten uns selbst bei alledem doch nie vergessen! Schon kurze Augenblicke der Sammlung und Rückbesinnung können sehr viel Energie schenken, die wir gerade für lästige Aufgaben gut gebrauchen können.

Ebenso wie die Schildkröte sich einerseits in ihren Panzer zurückziehen, sich andererseits aber auch wieder öffnen und ihrer Wege gehen kann, sollten auch wir uns beide Möglichkeiten offenhalten. Weltflucht und hermetische Abgeschlossenheit werden uns nämlich keine Freiheit schenken.

Wer Geborgenheit in sich selbst erleben will, sollte lernen, seine Sinne von der Außenwelt abzuziehen. Und obwohl es in diesem Buch auch darum gehen wird, seine »äußeren Sinne« zu sammeln, geht es bei Kurmas sieben Geheimnissen doch noch um etwas anderes. Viel wichtiger, als sich die Ohren zuzuhalten, ist es nämlich, seinen »inneren Sinn« zu sammeln – seine Gedanken, Gefühle, Vorstellungen und Meinungen zur Ruhe zu bringen. Die sieben Geheimnisse handeln vor allem davon, wie Klarheit, Heiterkeit und Frieden im eigenen Bewusstsein erreicht werden können. Das ist natürlich ganz etwas anderes, als nur die Augen zu schließen und einzuschlafen …

KURMAS SIEBEN WEGE ZUM GLÜCK

Wenn Sie sich etwas Zeit nehmen, um sich in ein stilles Eckchen zurückzuziehen, wird es Ihnen nicht besonders schwer fallen, Ihre fünf Sinne von den äußeren Dingen loszulösen. Sie können die Augen zumachen, um optische Reize auszuschalten. Sie können den Raum gründlich lüften, um störende Gerüche zu vertreiben, können Ihren Kaugummi ausspucken, um dem Geschmacksinn Ruhe zu gönnen, oder das Fenster schließen, um den Lärm der Welt draußen zu lassen.

Das Problem ist nur: Der eigentliche Lärm herrscht leider vor allem in uns selbst. Die sieben Geheimnisse der Schildkröte zielen daher allesamt darauf ab, den »inneren Sinn«, das Bewusstsein, zu sammeln. Ruhe und Frieden sind in der Welt äußerst rar – ein Blick in die Zeitung oder ins Internet genügt, um sich darüber schnell klar zu werden. Wer in der Stadt wohnt, hat keine Chance, für absolute Ruhe auf den Straßen zu sorgen, selbst mitten in der Nacht wird mal ein Laster um die Ecke dröhnen oder ein gereizter Autofahrer auf die Hupe drücken. Die einzige Chance, dem Lärm zu entkommen, besteht darin, innerlich ruhig zu werden und einen meditativen Zustand zu erreichen.

Leider wird der Begriff »Meditation« oft mit verknoteten Beinen, geschorenen Haaren und wallenden gelben Gewändern gleichgesetzt. Die Vorstellung, dass wir uns exotisch anziehen oder in unbequeme Körperhaltungen zwängen müssen, um meditieren zu können, ist jedoch falsch. Das Entscheidende ist schließlich nur, dass wir lernen, entspannt, heiter und gelassen zu leben. Kurmas Geheimnisse helfen dabei, unabhängig vom äußeren Chaos innerlich ruhig und klar zu bleiben.

In sich selbst geborgen sein

WAS WIR VON KURMA LERNEN KÖNNEN

Wer meint, dass Kurma die richtige Lehrerin für den perfekten Lotossitz ist, irrt. Die Flexibilität von Schildkröten zeigt sich nämlich nicht in ihren Beingelenken, sondern auf anderem Gebiet. Von Kurma können wir die sieben Geheimnisse eines meditativen Lebens erfahren. Dabei können wir lernen:

{1} die Ruhe zu bewahren: Was auch immer geschieht, unsere innere Ruhe kann so sehr gefestigt werden, dass uns fast nichts mehr aus dem Gleichgewicht wirft. Wer die Dinge, die passieren, und vor allem auch sich selbst nicht zu wichtig nimmt, dem wird es leicht fallen, gelassen zu bleiben.

{2} die Dinge langsam anzugehen: Wer Ziele erreichen möchte, die sich lohnen, kommt mit Eile und Hektik nicht weit. Oft ist es sogar besser, ein paar Umwege zu machen – auf jeden Fall aber, sich viel Zeit zu nehmen und öfter einmal auf die Bremse statt aufs Gas zu treten.

{3} nie aufzugeben: Wer spürt, dass er im Grunde auf dem richtigen Weg ist, sollte Beständigkeit entwickeln. Dann ist es wichtig, zu vollenden, was man begonnen hat, und sich weder von äußeren noch inneren Widerständen aus der Bahn werfen zu lassen.

{4} nachzugeben und sich anzupassen: Flexibilität schützt vor Starre und davor, an den eigenen festen Vorstellungen zu zerbrechen. Weichheit und Nachgiebigkeit helfen dabei, sich unterschiedlichsten Situationen anzupassen und sanft und harmonisch mit seinen Mitmenschen umzugehen.

{5} mit Wenigem zufrieden zu sein: Wer genügsam ist, ist schnell und leicht mit dem zufrieden, was ihm das Leben schenkt. Wem der Sonnenaufgang genügt, der braucht keine Luxusvilla und der muss auch nicht seine gesamte Lebensenergie dafür opfern, Geld zu verdienen. Je weniger wir haben wollen, desto schneller haben wir alles, was wir brauchen, um glücklich zu sein.

{6} sanftmütig zu sein: Mit Gewalt ist wenig gewonnen und viel verloren. Wer es lernt, in Frieden mit den anderen, aber auch mit sich selbst zu lieben, reibt sich nicht in ewigen Konflikten auf. Abgesehen davon fühlt es sich natürlich auch viel besser an, sein Herz zu öffnen, statt verbissen durchs Leben zu gehen.

{7} bei sich selbst zu bleiben: Die Konzentration auf das Wesentliche hilft dabei, seine Kräfte zu bewahren. Wer gesammelt bleibt, verliert sich nicht in den vielen Zerstreuungen, die zu Verstrickungen und Unruhe führen. Sammlung hilft, seinen eigenen Weg kraftvoll zu gehen. Wer gesammelt und zentriert bleibt, wird aber auch auf das göttliche Wunder stoßen, das nur im gegenwärtigen Augenblick, im ewigen Jetzt, entdeckt werden kann.

KURMAS
7 GEHEIMNISSE

1 GELASSENHEIT –

*Das Geheimnis, die Ruhe zu bewahren,
was immer auch geschieht …*

 DER ERSTE WETTLAUF. *Shashaka, der Hase, hatte von der Weisheit Kurmas gehört und ärgerte sich darüber. »Was heißt schon weise? Das ist doch alles nur Gerede!« Und er machte sich auf, um Kurma in die Schranken zu weisen. »He, alte Schildkröte!«, rief er. »Was hilft dir deine Weisheit, wenn du mit mir um die Wette laufen sollst?« Kurma neigte ihren Kopf und betrachtete Shashaka eine Weile. »Ach, mein Lieber«, sprach sie, »ich bin nur eine gewöhnliche alte Schildkröte. Gewiss bist du mir weit überlegen. Aber da du mir die Ehre gibst, mich zu einem Wettrennen aufzufordern, kann ich es dir nicht abschlagen.« Shashaka traute seinen langen Ohren nicht und lachte, bis er sich kaum noch aufrecht halten konnte. »Also gut, dann lass uns morgen früh, wenn die Sonne aufgeht, das Rennen hier beginnen – und dort drüben, bei den Sonnenblumen soll das Ziel sein«, sprach Kurma.*

Obgleich Shashaka sehr siegesgewiss war, so war er doch unruhig. »Warum ist diese alte Schildkröte nur so selbstsicher? Irgendein Geheimnis muss sie ja haben ... Was mag das wohl sein?«, fragte er sich. Die ganze Nacht wälzte er sich ruhelos hin und her, nur kurz schlief er und schreckte sogleich wieder aus seltsamen Träumen hoch. Gegen Morgen schlief er endlich tief ein und erwachte erst, als die Sonne bereits hoch am Himmel stand. So schnell ihn seine Beine auch trugen, um zum vereinbarten Ziel zu rennen – Kurma wartete dort bereits lächelnd auf ihn. Beschämt lief der Hase nach Hause zurück.

So gewann Kurma, indem sie in ihren Geist keine Unruhe einkehren ließ und Gelassenheit bewahrte, den ersten Wettlauf.

Geheimnis I – Gelassenheit

In den 60er-Jahren wurde ein kleiner Zeichentrick-Choleriker zur vielleicht bekanntesten Figur des deutschen Werbefernsehens: das *HB-Männchen* – der geborene Pechvogel, dem alles, was er anfasste, gründlich misslang. Auf der Jagd nach einer harmlosen Fliege zerstörte das mit der Zeitung um sich schlagende Männlein nicht nur kostbares Porzellan, sondern schließlich sein gesamtes Mobiliar. Doch auch wenn es bloß versuchte, den Rasen zu mähen, die Wände zu tapezieren oder aus der Badewanne zu steigen – es ging einfach alles schief! Der nikotinsüchtige Unglücksrabe schimpfte, tobte und ging am Ende jedes Werbespots im wahrsten Sinne des Wortes an die Decke. Nur der Griff zur Zigarettenmarke mit der einfachen Botschaft: »Gut gelaunt geht alles wie von selbst!« konnte ihn retten.

Doch wie macht man das? Wie wird man »gut gelaunt« – und das am besten ohne Nikotin?

Heute ist Zigarettenwerbung im Fernsehen längst verboten. Menschen, die bei jeder Kleinigkeit in die Luft gehen, sind aber weiterhin erlaubt – und auch weit verbreitet. Von guter Laune keine Spur. Dafür sind Unruhe und Unzufriedenheit an der Tagesordnung, sowohl bei anderen als auch bei uns selbst. Manch einem reicht es schon, morgens feststellen zu müssen, dass kein sauberes Handtuch mehr im Schrank liegt. Doch auch ein leeres Marmeladenglas oder ein klemmender Reißverschluss können mitunter geradewegs mitten in die Verzweiflung führen.

Wie kann das sein, dass schon banale Kleinigkeiten uns so sehr aus der Ruhe bringen? Warum bringt es manch einen in Rage, wenn er nicht mit über 200 Sachen auf der Autobahn rasen kann, da auch andere Menschen so »unverschämt« sind, diese zu benutzen – und das, wo andere ihr Ziel in ruhigem Tempo doch offensichtlich genauso gut (wenn nicht besser) erreichen? Und warum genügen oft schon kleine Bemerkungen, um ein trautes Familienfest in ein emotionales Trümmerfeld zu verwandeln?

Eines Tages kam Sindhu, der Esel, zu Kurma, um ihr einen Besuch abzustatten. »Meisterin«, sprach Sindhu, »von Yuna, der Eule, habe ich gehört, dass Ihr wundersame Fähigkeiten besitzt, und so bin ich gekommen, um Euch zu fragen, ob Ihr mir vielleicht weiterhelfen könnt.« Kurma lächelte Sindhu freundlich an und erwiderte: »Ob ich dir helfen kann, vermag ich nicht zu sagen. Dass du dir selbst jedoch helfen kannst, da bin ich mir ganz sicher.« Betrübt erwiderte Sindhu: »Ach, wie sollte ich mir denn selbst helfen? Bei den Tieren im Mangohain gelte ich als stur und bockig. Ob Frosch, Maus oder Affe: jeder fürchtet meine Launen und meidet mich. Und im Grunde weiß ich ja selbst nur zu genau, wie angespannt und unruhig ich oft bin.« Darauf Kurma: »Sindhu, mein Lieber – ob nun Frosch, Maus, Affe oder Esel: Unruhe und Anspannung sind wie Krankheiten – sie können jeden befallen. Doch dein Mangel an Gelassenheit ist eine Krankheit, die du selbst gewählt hast.«

Innere Unruhe scheint nicht unbedingt zu den Dingen zu gehören, die wir uns selbst aussuchen. Daher neigen wir dazu, widrigen Umständen die Verantwortung dafür zu geben, wenn wir die Nerven verlieren. Doch was kommt zuerst: die schlechte Laune oder der unfreundliche Kollege? Sind wir mieser Stimmung, weil unser Mitarbeiter so unfreundlich ist – oder erscheint er uns nur deshalb so unfreundlich, weil wir ohnehin schon verstimmt waren, bevor wir ihn trafen?

Ein Grund für mangelnde Gelassenheit besteht darin, dass wir gerne allerlei Missstände erfinden, die wir dann für unsere schlechte Stimmung verantwortlich machen können:

Juliane steht wie jeden Morgen im Stau. Offensichtlich ist sie heute jedoch ein wenig zu spät losgefahren, und so wird sie sich wohl auch im Büro verspäten. Statt das nun einfach so zu akzeptieren und beispielsweise ein schönes Hörbuch einzulegen, fängt sie an, nach den »Verantwortlichen« zu suchen – nach den Bösewichten, die Schuld daran sind, dass sie sich so aufregen »muss«. »Kein Wunder!«, denkt Juliane aufgebracht. »Bei diesen ewigen Rotphasen kommt hier natürlich keiner mehr durch. Und der Trottel vor mir schläft wahrscheinlich auch gleich ein! Also wirklich – es wird höchste Zeit, dass die Umgehungsstraße endlich fertig wird, aber die Gemeinde plant scheinbar lieber noch einmal ein paar Jahre, bevor endlich etwas passiert. Und überhaupt: Es gibt einfach viel zu viele Autos auf der Welt! Wäre nur die Bahn nicht so unverschämt teuer, hätte man wenigstens eine echte Alternative, aber bei *den* Preisen ...«

Und ehe Juliane es sich versieht, hat sie sich durch umwelt- und verkehrspolitische Selbstgespräche in Rage gedacht. Hätte sie ihren negativen Gedanken nicht freien Lauf gelassen, hätte Juliane ihre Stimmung vielleicht noch in den Griff bekommen. So aber haben sich zur ursprünglichen Nervosität nun auch noch Aggressionen, Intoleranz und Verbitterung in Ihrem Geist festgesetzt. Dass Juliane gelassen und guter Laune im Büro angekommen wird, ist damit äußerst unwahrscheinlich geworden.

Anspannung hat wenig mit äußeren Hindernissen zu tun, sondern vor allem damit, wie wir mit Problemen umgehen. Nur wer selbst die volle Verantwortung für seine Gefühle und Reaktionen übernimmt, kann sich von dem bedrückenden Gefühl befreien, ständig Opfer der äußeren Umstände zu sein. Zweifellos werden schwierige Situationen immer wieder auftauchen. Und selbst nahestehende Menschen werden zuweilen Dinge tun oder sagen, die verletzend sein können. Ob wir dann allerdings tatsächlich verletzt oder verärgert reagieren – das bleibt dabei immer noch *unsere* Sache, denn *wir* sind es, die darüber entscheiden, ob wir beleidigt sind, uns einfach nur wundern oder sogar ganz bewusst heiter und gelassen bleiben.

Ganz gleich, welche Schwierigkeiten auf Sie zukommen: Niemand auf der Welt kann Sie dazu zwingen, sich selbst zu verlieren oder aus der Haut zu fahren. Sie können also getrost in Ihrer Haut stecken bleiben – zumindest dann, wenn Sie

1. erkennen, was Sie aus der Ruhe bringt – und sich
2. darum bemühen, das, was Sie unglücklich macht, dann auch loszulassen.

Geheimnis I – Gelassenheit

Aus Kurmas Übungen:
Mentale Allergene erkennen

Allergene sind Stoffe, die bei Allergikern heftige Reaktionen hervorrufen können, ganz gleich ob es sich dabei nun um Pollen, Hausstaub oder Erdnüsse handelt. Bei anderen Menschen haben diese Stoffe keine Reaktion zur Folge. Genauso ist das bei mentalen Allergieauslösern – bei bestimmten Situationen oder Menschen, die uns gedanklich oder emotional auf völlig unangemessene, übertriebene Weise reagieren lassen.

Die folgenden Fragen helfen Ihnen herauszufinden, was Sie am meisten aus der Ruhe bringt. Was lässt Sie in die Luft gehen? Was bringt Sie auf die Palme? Wann liegen Ihre Nerven blank? Um Gelassenheit zu entwickeln, ist es wichtig, erst einmal zu entdecken, wo die eigenen Schwachstellen liegen. Stellen Sie sich dazu die jeweiligen Probleme, die auf der folgenden Liste stehen, möglichst detailliert vor. Beantworten Sie für sich dann ganz ehrlich die Frage, ob Sie auf die jeweilige Situation

A) gelassen,

B) gleichgültig,

C) leicht verärgert oder

D) geradezu allergisch reagieren und aus der Haut fahren.

Jedes C und D lädt Sie ein, das jeweilige Problem etwas genauer unter die Lupe zu nehmen und sich in Zukunft in diesen oder ähnlichen Situationen noch genauer selbst zu beobachten, um herauszufinden, wo das wirkliche Problem, die wirkliche Ursache für Ihre »Allergie« liegt.

Hier ein paar Beispiele für mögliche mentale Allergieauslöser und zugrunde liegende Ursachen:

- Sie stehen in der Post. Da es sehr voll ist, müssen Sie vor dem Schalter lange in der Schlange stehen. (Problem: Ungeduld)
- Sie liegen nachts im Bett, während draußen Polizeisirenen erklingen oder Nachbarn laut mit den Autotüren schlagen. (Problem: Lärmempfindlichkeit)
- Sie sitzen am Frühstückstisch und streiten sich mit Ihrem Partner über alltägliche Probleme. (Problem: Harmoniebedürfnis)
- Eine Kollegin liegt mit Grippe im Bett. Nun sollen Sie zusätzlich zu Ihrer eigenen Arbeit auch noch Teile ihrer Aufgaben erledigen. (Problem: Überlastung)
- Sie schaffen es nicht, Ihre Steuererklärung rechtzeitig abzugeben. (Problem: Pflichtbewusstsein)
- Ihr Kind bringt ein katastrophales Zeugnis mit nach Hause. (Problem: Ehrgeiz, Zukunftsängste)

- Sie sitzen im Wartezimmer Ihres Zahnarztes und werden als Nächstes an der Reihe sein. (Problem: Angst)
- Ihr Mann (Ihre Frau) trifft eine alte Schulfreundin (einen Schulfreund) und die beiden flirten ungeniert miteinander. (Problem: Eifersucht)
- Ihre Nachbarn erzählen Ihnen, dass sie bald ausziehen werden, da sie sich endlich ihren Wunsch erfüllen konnten und sich ein Haus im Villen-Vorort gebaut haben. (Problem: Neid)

Wir haben bislang festgestellt, dass es in der Welt an Gelassenheit fehlt – doch die Ursachen dafür liegen im Grunde nicht in der Welt, sondern in uns: Vor allem Ungeduld, Neid, Leistungsdenken oder die Identifikation mit der eigenen Meinung lassen uns die Gelassenheit vergessen. Der erste Schritt, die Gelassenheit wiederzufinden, besteht darin, die Ursachen zu verstehen.

Was hindert uns eigentlich daran, gelassen zu reagieren? Da gibt es natürlich alle möglichen Gründe – etwa Ungeduld, Neid oder Leistungsdenken. Oder auch die Identifikation mit der eigenen Meinung nach dem Motto: »Ich sehe das so, und deshalb stimmt das auch so, basta!« – eine Einstellung, die es unmöglich macht, auch andere Ansichten anzuerkennen und zu tolerieren.

Nicht nur Sturheit, auch Nervosität oder ein cholerisches Temperament machen es einem schwer, gelassen zu bleiben. Ein weiterer wichtiger Aspekt ist die Überlastung, die viele von uns empfinden. Tendenziell neigen die meisten von uns dazu, sich in allzu viele Aktivitäten zu verstricken. Wir sind Dauerbeschäftigte – sowohl im Beruf als auch in der Familie oder wenn es darum geht, unseren sozialen Pflichten nachzukommen.

Doch was genau steckt hinter alldem? Was ist das zugrunde liegende Prinzip, das Nervosität, Neid, Ärger, Streitsucht oder Verzweiflung letztlich überhaupt erst möglich macht?

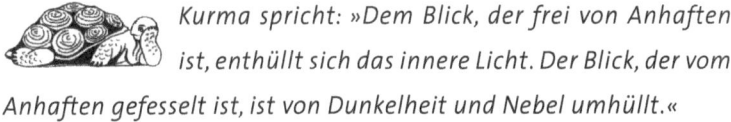

Kurma spricht: »Dem Blick, der frei von Anhaften ist, enthüllt sich das innere Licht. Der Blick, der vom Anhaften gefesselt ist, ist von Dunkelheit und Nebel umhüllt.«

Eine Grundaussage der fernöstlichen Philosophie lautet, dass es das Anhaften ist, das all unsere Schwierigkeiten verursacht. Doch was bedeutet »anhaften«? Mit Klebstoff oder Kontaktlinsen hat der Begriff wenig zu tun. Vielmehr ist hier das innere Anhaften gemeint, das man auch »Festhalten« oder »Begehren« nennen könnte.

Damit der Geist still werden kann und nicht mehr zum Opfer der jeweiligen Einflüsse wird, müssen wir ihn vom Anhaften – also aus seiner *Haft* – befreien. Übrigens halten wir uns nicht nur an angenehmen Dingen fest – wir »kleben« auch an Unangenehmem. Alles, was unsere Gedanken, Gefühle und Vorstellungen an bestimmte Objekte kettet, macht uns unfrei – ganz gleich, ob es nun schöne oder unerfreuliche Objekte sind, die uns fesseln.

Zum »positiven« Anhaften gehören alle Dinge, die wir uns wünschen, nach denen wir uns sehnen oder die in unserer Vorstellung positive Gefühle wecken. Dazu gehören beispielsweise

- Geld, Besitz, Reichtum,
- Jugend, Schönheit, Vitalität,
- Menschen, die uns lieb sind,
- Gesundheit und ein langes Leben,
- Wohlbefinden und angenehme Erfahrungen,
- unser Image und unser Ansehen,
- sexuelle und kulinarische Genüsse.

Zum »negativen« Anhaften gehören alle Dinge, vor denen wir Angst haben oder die wir vermeiden wollen, da sie in unserer Vorstellung düstere Gefühle wachrufen. Dazu gehören etwa

- der Tod,
- Krankheiten,
- Alter,
- finanzielle Probleme, Armut oder Not,
- Feinde oder Menschen, die wir nicht mögen,
- Verluste oder die Trennung von dem, was uns wichtig ist,
- Gewalt, Kriege und die Umweltzerstörung.

Letztendlich ist Anhaften jedoch immer leidvoll – selbst in seinen »positiven« Aspekten. Ein Verliebter schwebt zwar auf rosaroten Wolken und hat nur noch Augen für seine Liebste, doch sein Geist ist so sehr gefangen, dass er nichts anderes mehr wahrnimmt, da Liebe ja bekanntlich blind macht. Darüber hinaus ist dieser rauschhafte Zustand sehr vergänglich, und so tauchen oft schon aus den ersten Wogen der Liebe Sorgen um die Zukunft auf. Nicht zuletzt aber ist das, was wir begehren, auch nicht immer gut für uns: Eine Motte, die das Licht sucht, kann leicht verbrennen, wenn Sie statt der wärmenden Lampe das Feuer als Lichtquelle wählt.

 *Kurma spricht: »Die Dinge betrachten, ohne sie besitzen zu wollen – das ist der Weg der Ruhe. Zusehen, wie die Menschen wachsen, ohne einzugreifen – das ist der Weg der Gelassenheit. Im Loslassen der zehntausend Dinge sich selbst gewinnen – das ist der Weg der Weisheit.«*

»Wie können wir Gelassenheit entwickeln?« – das ist natürlich die entscheidende Frage. Wie können wir Neid, Wut, Aufgeregtheit, Ungeduld oder Verbissenheit überwinden? Letztlich immer nur, indem wir loslassen. Und das Wichtigste, was es dabei loszulassen gilt, ist unser Ego – oder genauer gesagt diejenigen Aspekte unseres Ichs, die uns den Weg zur Freiheit verstellen.

Ob wir uns darüber aufregen, dass unser Essen im Restaurant auf sich warten lässt, unsere Arbeit nicht gewürdigt wird oder wir morgens einen Pickel auf unserer Stirn entdecken – letztlich ist es immer die Illusion, dass alles nach unserer Vorstellung laufen sollte, die die Widerstände gegen das Leben erzeugt.

Kurma spricht: »Der Weise stellt sich selbst hintan. Ohne sich in den Mittelpunkt stellen zu wollen, bleibt er doch ganz in seiner Mitte. Ohne selbst scheinen zu wollen, wird er doch erleuchtet.«

Sich selbst völlig loslassen und sich dabei zugleich ganz und gar gewinnen, das ist die höchste Stufe auf dem Weg zu Ruhe und innerer Geborgenheit. Es gibt drei einfache Schritte oder Methoden, die es uns erleichtern, diese Stufe zu erreichen:

1. Entspannung: Der erste Schritt besteht darin, den Körper zu entspannen, Verspannungen in den Muskeln abzubauen und das »Festhalten im Körper« aufzugeben.
2. Zur Ruhe kommen: Der zweite Schritt hängt damit zusammen, dass wir uns die nötigen Pausen gönnen und uns darum kümmern, uns auch mitten im Alltag genügend Erholung zu gönnen.
3. Innerlich loslassen: Der dritte Schritt besteht darin, Seelenballast abzuwerfen und beengende Fixierungen loszuwerden.

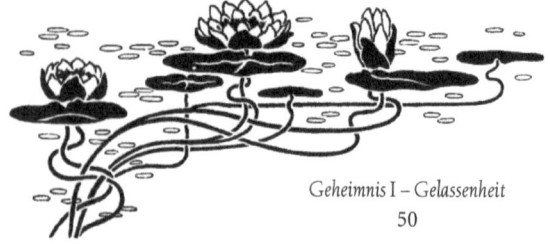

Geheimnis I – Gelassenheit

1. SCHRITT: Den Körper entspannen

Natürlich sind Körper und Geist nicht wirklich voneinander getrennt, sondern bilden eine Einheit. Seelische Gelassenheit führt automatisch zu einem entspannten Körper. Umgekehrt lässt sich die bewusst herbeigeführte Entspannung im Körper jedoch auch nutzen, um Seelenruhe zu entwickeln. Erfahrungsgemäß ist es einfacher, zunächst einmal den Körper zu entspannen, denn Muskel‑ anspannungen lassen sich meist leichter lokalisieren als psychische Blockaden.

Als Kurma mittags am Fuße des steinigen Hügels spazieren ging, traf sie Sindhu, den Esel, wie er stocksteif zwischen den Felsen stand und jammerte. »Ach Kurma, liebe Meisterin, heute morgen bin ich losgezogen, um den Berg der Himmlischen Freude zu besteigen; und nun stehe ich noch immer ganz am Anfang und komme nicht weiter. Ich glaube, ich werde wohl langsam alt, denn meine Beine sind ganz steif und mein Rücken schmerzt so sehr, dass ich kaum laufen kann. Doch vielleicht mag es auch nur daran liegen, dass der Weg hier so steil und der Aufstieg so anstrengend ist.« Kurma: »Daran mag es sicher liegen. Vielleicht aber auch daran, dass du noch nicht von der Kunst des ›Loslassens im Körper‹ gehört hast. Wer das Feste und Steife in seinem Körper aufzulösen vermag, der wird weich und beweglich – und sei es, dass er einen Panzer auf dem Rücken trüge ...«

Ob jemand gelassen oder eher gestresst ist, kann man schon von seinem Gesicht ablesen. Ganz gleich ob schlafende Kinder, meditierende Mönche oder dösende Katzen: Wer entspannt ist, strahlt Ruhe und Frieden aus. Umgekehrt sind nervöse, ängstliche oder gereizte Menschen nur selten schön anzusehen: Wer innerlich angespannt ist, zieht dabei nämlich meist die Schultern hoch, runzelt die Stirn und beißt die Zähne aufeinander.

Allein schon durch ein wenig mehr Achtsamkeit können wir Verspannungen auflösen, die uns sonst gar nicht bewusst würden. Vor allem Gesicht, Schultern und Nacken spiegeln unseren jeweiligen inneren Zustand sehr gut wider. Sie können Anspannungen in diesen Bereichen lösen, indem Sie tief einatmen, beide Schultern langsam hochziehen und gleichzeitig die Zähne kräftig aufeinander beißen. Halten Sie die Spannung kurz, atmen Sie dann tief durch den Mund aus, lassen Sie dabei die Schultern fallen und entspannen Sie Kinn und Kiefer. Wiederholen Sie das einige Male, und beobachten Sie anschließend, was sich verändert hat …

Die Entspannungsreaktion ist das Gegenteil der Stressreaktion. Alles, was Ihnen dabei hilft, loszulassen und sich zu entspannen, löst diese wohltuende, psychosomatische Reaktion aus. Im Grunde sind verspannte Muskeln nichts anderes als »Anhaften auf körperlicher Ebene«. Da Anspannungen aber zu Blockaden führen, die den Fluss der Lebensenergie behindern, haben verspannte Menschen oft wenig Energie und sind meist schnell erschöpft. Schmerzen in Nacken, Schultern oder Rücken sind letztlich nur Symptome, die uns darauf hinweisen, dass unsere Energie nicht frei strömen kann.

Entspannung lässt sich »trainieren«, und das lohnt sich. Die dabei eintretende Entspannungsreaktion führt dazu, dass

- Muskelverhärtungen sich auflösen,
- der Blutdruck gesenkt wird,
- die Abwehrkräfte angeregt werden,
- Schmerzen verschwinden,
- die Zellen mehr Sauerstoff aufnehmen können,
- der Schlaf sich vertieft,
- Ängste und Depressionen vertrieben werden.

Eine gründliche Entspannung der Muskulatur hilft dabei, körperliche und seelische Fehlhaltungen abzubauen. Um den Stress-Kreislauf aus psychischem Druck, Muskelverspannungen und einer schlechten Körperhaltung zu durchbrechen, sind gezielte Entspannungsmethoden oft besonders hilfreich.

Aus Kurmas Übungen:
Muskelentspannung Schritt für Schritt

Ein weicher, flexibler Körper, der voller Energie ist – das ist vor allem eine Frage der Übung. Jede Entspannungstechnik kann zu diesem Ziel führen, sofern sie regelmäßig durchgeführt wird. Eine besonders effektive Möglichkeit, seine Muskeln zu entspannen, bietet die progressive Muskelrelaxation, bei der alle Muskeln systematisch Schritt für Schritt entspannt werden. Alles, was Sie dazu brauchen, sind etwas Ruhe, rund 20 Minuten Zeit, bequeme, warme Kleidung sowie eine weiche Unterlage.

Spannen Sie einfach all Ihre Muskeln in der festgelegten Reihenfolge an, und entspannen Sie dann wieder. Jeder Muskel wird 7 Sekunden lang angespannt; währenddessen sollten Sie den Atem nie anhalten, sondern einfach tief weiteratmen. Nach der Anspannungsphase wird der jeweilige Muskel dann ganz plötzlich wieder entspannt. Dadurch sinkt die Muskelspannung unter das Normalmaß, Verspannungen und Stress werden so aufgelöst:

Legen Sie sich zunächst auf den Rücken, schließen Sie die Augen, legen Sie die Arme entspannt neben den Körper, die Beine sind leicht geöffnet.

Spannen Sie die folgenden Muskeln in der auf Seite 55 angegebenen Reihenfolge jeweils 7 Sekunden kräftig an; dann mindestens 30 Sekunden entspannen und jeweils noch ein zweites Mal an- und entspannen, bevor Sie zur nächsten Muskelgruppe weitergehen.

1. Füße und Unterschenkel
2. Oberschenkel
3. Gesäß
4. Bauch
5. Rücken und Schultern
6. Arme und Hände
7. Gesicht

Zum Abschluss sollten Sie nochmals alle Muskeln gleichzeitig anspannen: Beine, Po, Arme, Schultern und Gesicht. Spannen Sie die Muskeln so fest an, wie es Ihnen möglich ist. Halten Sie die Spannung 7 Sekunden lang (dabei weiteratmen!) und lösen Sie sie dann mit dem Ausatmen. Nehmen Sie sich zum Schluss noch einige Minuten Zeit, um in Ihren entspannten Körper hineinzuspüren und zu genießen.

2. SCHRITT: Zur Ruhe kommen

Ein weiterer Schritt zu mehr Gelassenheit besteht darin, innerlich ruhig zu werden, indem wir dafür sorgen, uns regelmäßig zu erholen. Es ist nicht schlimm, viel beschäftigt zu sein, solange man dabei in seiner Mitte ruht. Immerhin gibt es ja auch Menschen, die Enormes leisten können, ohne sich dabei jemals zu verausgaben. Für alle, die die nötige Gelassenheit dazu jedoch noch nicht entwickelt haben –

und das dürften wohl die meisten von uns sein – gilt jedoch: Weniger ist mehr!

Befreien Sie sich aus dem Hamsterrad ständiger Geschäftigkeit. Überlegen Sie, ob Sie nicht die eine oder andere Aufgabe aufgeben oder abgeben können. Innere Ruhe kann sich nicht einstellen, solange man sich gehetzt fühlt. Wenn dann noch Leistungsdruck und Konkurrenzdenken dazukommen, wird es erst recht schwierig, denn wer sich mit anderen vergleicht, wird immer den Kürzeren ziehen: Es gibt einfach zu viele andere Menschen, und irgendeiner ist immer in irgendetwas besser als wir.

Kurma spricht: »Belasten übermäßige Gedanken den Geist, so ist Erschöpfung die Folge. Belastet übermäßige Ruhelosigkeit den Körper, so ist Zusammenbruch die Folge. Wer Körper und Geist ehrt, wagt nicht, im Denken und Tun das rechte Maß zu überschreiten. Seinen Geist vom Begehren befreien und so den Zustand der Ruhe erreichen, seinen Körper von hektischem Tun befreien und so den Zustand des inneren Friedens erreichen – das ist der Weg, seine Energie zu bewahren.«

Wenn Sie von morgens bis abends damit beschäftigt sind, »gut zu funktionieren« und alle Ihre Aufgaben (am besten noch perfekt) zu erledigen, wird Ihre Aufmerksamkeit dabei wahrscheinlich ständig nach außen gerichtet sein. Dann wird es sehr schwierig, bei sich selbst anzukommen. Die Tür nach innen wieder ein Stück weit zu öffnen, ist aber trotzdem jederzeit möglich. Neben der Entspannung des Körpers, auf die wir bereits zu sprechen gekommen sind, können auch Ruhepausen helfen, wieder loszulassen: Es genügt, sich mitten im Alltag kleine Inseln der Ruhe zu schaffen. Um sie zu erreichen, brauchen Sie kein Boot. Es genügen schon wenige Minuten Zeit sowie die bewusste Entscheidung, sich zwischendurch Ruhe zu gönnen, zum Beispiel indem Sie

- einen kurzen Spaziergang machen,
- ein heißes Bad nehmen,
- sich aufs Sofa legen und Musik hören,
- meditieren oder ein paar Atem- oder Yogaübungen machen,
- bei jedem Tun darauf achten, Ruhe zu bewahren, und sich nicht zu verausgaben.

Oder Sie können zwischendurch natürlich auch einfach einmal probieren, rein gar nichts zu tun …

Aus Kurmas Übungen:
Ganz und gar nichts tun

»Ich habe entdeckt, dass alles Unglück der Menschen von einem Einzigen herkommt; dass sie es nämlich nicht verstehen, in Ruhe in einem Zimmer zu bleiben«, so beschrieb der Philosoph Blaise Pascal die allzu menschliche Unrast schon vor rund 350 Jahren. Und tatsächlich ist es nicht einfach, einmal ganz und gar nichts zu tun.

Selbst wenn wir »Pause machen«, sind wir dabei meist noch recht aktiv – lesen Zeitung, unterhalten uns im Gang mit Kollegen oder kochen uns einen Kaffee.

Richtig auszuruhen ist eine Kunst. Wer diese jedoch beherrscht, dem genügen oft schon fünf Minuten, um sich körperlich und seelisch vollkommen zu entspannen. Ganz egal, wo Sie die folgende Übung ausführen, die einzige Regel lautet: Stellen Sie jegliche Aktivität ein! Schalten Sie Telefone und andere Störquellen aus, schließen Sie die Augen, bewegen Sie sich so wenig wie möglich und atmen Sie ganz entspannt. Und dann

- sprechen Sie nicht,
- lesen Sie nicht,
- hören Sie keine Musik,
- grübeln Sie nicht,
- ruhen Sie sich einfach nur aus – wenn möglich nicht nur Ihren Körper, sondern auch Ihren Geist.

Beobachten Sie, wie sich das Nichtstun anfühlt und wie es sich auf Ihren Körper, Ihre Gedanken und Gefühle auswirkt …

Auch unser Atem kann eine Brücke zu mehr Ruhe und Gelassenheit sein. Nicht umsonst wurde der Atem im Yoga schon vor vielen Jahrhunderten genutzt, um ein heiteres, friedvolles Gemüt zu entwickeln. Wer außer Atem ist, kann gar nicht gelassen sein. Wer hingegen tief, langsam und gleichmäßig atmet, wird sich dabei nicht so leicht aufregen.

Die Sonne war schon fast untergegangen, als Sindhu in den Mangohain kam, um Kurma zu besuchen. Nachdem er seine Meisterin freundlich begrüßt hatte, ließ er sich zur ihrer Seite nieder und sprach: »Mir scheint, es ist mir endlich gelungen, die Festigkeit in meinem Körper loszulassen. Nachdem ich heute Morgen etwas Stroh gefressen und meine Glieder gedehnt hatte, hab ich mich auf den steilen Weg zum Gipfel der Himmlischen Freude gemacht. Wie leicht sind mir meine Schritte da gefallen und wie beweglich waren plötzlich wieder meine alten Eselsbeine. Ich hätte wohl allen Grund zur Freude gehabt, jedoch: Oben angekommen habe ich mich auf einer Wiese ausgeruht, als eine Wespe angeflogen kam und mich stach – wohin, das will ich lieber nicht erwähnen. Wutentbrannt bin ich der Wespe den ganzen langen Weg bis ins Tal hinterhergerannt. Erwischt habe ich sie freilich nicht, dafür war ich so aufgebracht, dass ich noch lange nach Luft schnappen musste, bis ich endlich wieder Ruhe fand.« Kurma schüttelte den Kopf: »Den Atem zur rechten Zeit zur Ruhe bringen, das heißt, das Gemüt zur Ruhe bringen.« Darauf sprach Sindhu: »Meisterin – das sagt Ihr so einfach, aber wie soll ich das machen?« Kurma seufzte auffällig lange, dann antwortete sie: »Tief ausatmen – darin liegt der Schlüssel.«

Geheimnis I – Gelassenheit

Der Atem verrät sehr viel über unser seelisches Befinden. Wer von einem Termin zum anderen hetzt, atmet anders als jemand, der sexuelle Ekstase erlebt; ein Sportler atmet anders als jemand, der in der Hängematte liegt, ein Verliebter anders als jemand, der unter Depressionen leidet. Eines ist jedoch immer gleich – der Atem verbindet uns ganz mit der Lebendigkeit des jeweiligen Augenblicks.

Eine intensive, gründliche Atmung, wie sie vor allem im Yoga gelehrt wird, ist eine der wichtigsten Grundlagen zu mehr Gelassenheit. Diese Tiefatmung versorgt uns mit viel Sauerstoff und spendet neue Energie. Die bewusste Verlängerung des Atems, und insbesondere des Ausatmen, ist eine einfache Möglichkeit, loszulassen und jederzeit in seine Mitte zurückzukehren – was vor allem in schwierigen Situationen wichtig ist.

Aus Kurmas Übungen:
Tief atmen

TIEF ATMEN

Atmen Sie bei dieser Übung (und möglichst auch im Alltag) ausschließlich durch die Nase – je leiser, desto besser. Bei der tiefen Atmung geht es darum, Bauch-, Flanken- und Brustatmung ineinander fließen zu lassen, sodass die drei Phasen gemeinsam eine einzige große, wellenförmige Bewegung bilden.

Legen Sie sich auf den Rücken.

Legen Sie dann die rechte Handfläche auf Ihren Bauch, die linke auf den oberen Teil der Brust. Atmen Sie zunächst ganz tief aus.

Jetzt atmen Sie sehr langsam in folgender Reihenfolge ein: Erst in den Bauch (dabei hebt sich die Bauchdecke leicht nach oben), dann in die Flanken (dabei weiten sich die Rippen) und zuletzt nach oben in den Brustkorb. (Spüren Sie mit der linken Hand, wie auch die Brust weit wird.)

Atmen Sie anschließend tief aus und wiederholen Sie diese Tiefatmung täglich mindestens fünfmal hintereinander.

TIEF AUSATMEN

Mit dem Ausatmen können Sie alles loslassen, was belastet, Angst macht oder Stress verursacht. Das tiefe Ausatmen schützt Sie davor, die Nerven zu verlieren. Wichtig ist dabei, dass das Ausatmen deutlich länger sein sollte als das Einatmen:

- Atmen Sie 4 Sekunden lang normal durch die Nase ein.
- Atmen Sie dann 8 Sekunden lang durch die Nase wieder aus – der Luftstrom sollte wie eine sanfte, fast unhörbare Brise ausweichen.
- Wiederholen Sie dies mindestens fünfmal.

Das Ausatmen sollte immer etwa doppelt so lange dauern wie das Einatmen.

Auch Seufzen, Stöhnen oder Gähnen hilft dabei, Druck abzubauen und sich zu entspannen. Unterdrücken Sie solche Impulse nicht – im Gegenteil: Übertreiben Sie ruhig oder seufzen Sie einfach einige Male im stillen Kämmerlein vor sich hin. Sie werden staunen, wie viel leichter Sie sich anschließend fühlen.

DIE SUMM-ATMUNG
Hier noch eine einfache Möglichkeit, die Ausatmung zu vertiefen und Spannungen loszulassen: Atmen Sie tief durch die Nase ein und dann auf ein lang gezogenes »Mmm« aus. Der Mund bleibt dabei geschlossen. Wenn Sie die Vibrationen an den Lippen spüren, machen Sie die Übung genau richtig. Durch diese Technik können Sie nicht nur Nervosität, sondern sogar Schmerzen vertreiben.

Schlafen gehört zu den Lieblingsbeschäftigungen der Schildkröten. Wenn wir zur Ruhe finden wollen, sollten auch wir an diese naheliegende Möglichkeit denken. Ebenso wie in der Meditation werden die Sinne beim Schlafen von der Außenwelt abgezogen. Doch während die Meditation regelmäßiger Übung bedarf, ist Schlafen kinderleicht.

Nicht jeder braucht gleichviel Schlaf: Während Napoleon angeblich mit 5 Stunden Schlaf pro Nacht auskam, gibt es Menschen – Einstein soll einer von ihnen gewesen sein –, die bis zu 10 Stunden brauchen, um wieder einigermaßen ansprechbar zu sein. Doch ob Murmeltier oder nicht: Schlafmangel führt schnell zu Erschöpfung, Konzentrationsschwäche und blank liegenden Nerven. Im Schlaf erholen wir uns, die Zellen und Organe regenerieren sich und die

Selbstheilungskräfte werden aktiv. Gleichzeitig werden die Tageserlebnisse im Traum verarbeitet. Ein tiefer, »gesegneter« Schlaf ist daher die beste Voraussetzung dafür, dass Körper und Geist zur Ruhe kommen können.

Natürlich können Sie sich nachts nicht in einen Panzer zurückziehen oder sich im Sand eingraben, wie es die Schildkröten tun. Dennoch gibt es einige einfache Regeln, die Ihnen dabei helfen, Ihren Schlaf und damit die Erholung zu vertiefen:

- Lassen Sie den Tag entspannt ausklingen.
- Achten Sie auf eine gute Schlafatmosphäre: Räumen Sie Chaos im Schlafzimmer auf, lüften Sie gründlich und leisten Sie sich eine gute Matratze.
- Üppige, fettreiche Mahlzeiten, Alkohol, Kaffee und Zigaretten stören den Schlaf.
- Fernsehen, Musik hören, im Internet surfen – die Flut von Informationen belastet unser Bewusstsein und erschwert das Ein- und Durchschlafen.
- Die erholsamste Schlafzeit liegt vor Mitternacht – wenn möglich sollten Sie also früh ins Bett gehen.
- Ein kurzer Eintrag ins Tagebuch hilft dabei, den Tag innerlich abzuschließen und besser einzuschlafen.

Geheimnis I – Gelassenheit

Aus Kurmas Übungen:
Zwischendurch ein Mittagsschläfchen

Schildkröten schlafen sehr gerne – nicht nur nachts, sondern zu jeder Tageszeit. Das erklärt einerseits, warum sie stets gelassen bleiben, andererseits, warum sie so alt werden können, denn Schlaf ist die reinste Erholung. Falls Sie zwischendurch die Gelegenheit haben, sollten Sie mittags öfter einmal ein Nickerchen einlegen. Eine kurze Siesta – beispielsweise als kleine Ruhepause nach dem Essen oder an einem freien Tag – hilft, sich schnell zu entspannen und neue Kräfte zu tanken. Auch eine noch so kurze Schlafpause genügt, um uns aus dem Alltagsgetriebe zu befreien und für den nötigen Abstand zu sorgen, den wir brauchen, um gelassen bleiben zu können. Hier die wichtigsten Mittagsschlaf-Regeln:

- Um ein Nickerchen zu halten, brauchen Sie kein Bett.
  Ein Sofa tut es genauso, und notfalls können Sie auch
  Ihren Autositz in Liegeposition kippen oder sogar im Sitzen
  dösen, sofern Sie ein abgeschiedenes Plätzchen finden.
- Lösen Sie einengende Kleidungsstücke. Falls Sie den Mittagsschlaf zu Hause halten, sollten Sie es sich zwar bequem machen, jedoch nicht den Schlafanzug anziehen, da Ihr Unterbewusstsein sonst leicht auf »Tiefschlaf« umschaltet.
- Die ideale Zeit liegt bei 15 bis 20 Minuten.
  Wer länger schläft, kommt anschließend schwer in
  Schwung und der Erholungseffekt ist auch nicht so groß.

- Schließen Sie die Augen, entspannen Sie sich und versuchen Sie vollkommen abzuschalten. Wenn Sie dabei nicht einschlafen, ist das nicht schlimm: Es reicht ja auch, ein wenig zu dösen oder sich ein paar angenehmen Tagträumen hinzugeben.
- Vergessen Sie nicht, sich einen Wecker zu stellen, sonst verschlafen Sie womöglich den Rest des Tages und damit viele Gelegenheiten, Ihre Gelassenheit auch mitten im aktiven Leben zu entwickeln …

3. SCHRITT: Innerlich loslassen

Hier geht es darum, Seelenballast abzuwerfen. Natürlich sind die drei Schritte letztlich nicht voneinander getrennt: Den Körper zu entspannen (Schritt 1) und sich regelmäßig Erholungsphasen zu gönnen (Schritt 2), das hilft auch dabei, innerlich loszulassen. Und wer es umgekehrt schafft, sich von belastenden Gedanken und Gefühlen zu befreien, wird automatisch weniger Verspannungen und bessere Nerven haben.

Kurma spricht: »Wer die Welt zu lenken und zu erobern trachtet, der kommt an kein Ende und kann doch niemals siegen. Die Welt folgt ihrem eigenen Lauf. Wer eingreift, zerstört es. Wer festhält, verliert es.«

Geheimnis I – Gelassenheit

Wir alle versuchen in irgendeiner Weise, »die Welt zu lenken« – natürlich nicht in dem Sinne, dass wir uns deshalb unbedingt aktiv in der Politik engagieren oder uns gar zum Staatsoberhaupt wählen lassen wollen: Doch seine eigene, kleine Welt möchte wohl jeder von uns gerne im Griff haben.

Ob wir uns beruflich verändern wollen, ein Haus bauen möchten, uns eine saubere Umwelt wünschen oder auch nur darauf beharren, dass unser Partner seine Zahnpastatube endlich ordentlich zusammenrollt – jeder von uns hat bestimmte Wünsche und verfolgt seine Ziele. Manchmal ist es ja auch wirklich das Beste, aktiv zu werden und Hindernisse aus dem Weg zu räumen. Es gibt jedoch auch viele Situationen, in denen es nur *eine* Möglichkeit gibt, Probleme zu lösen – und die besteht darin, den Dingen ihren Lauf zu lassen.

Auch wenn der Wunsch, sein Leben im Griff zu haben, verständlich ist, so ist er doch auch unrealistisch. Die Welt entzieht sich unserer Kontrolle. Selbst mächtige Herrscher kommen und gehen, ohne dass sie die Welt jemals wirklich in ihre Gewalt gebracht hätten. Und man kann noch von Glück sagen, wenn sie sie nicht wesentlich schlechter zurückgelassen haben, als sie sie vorfanden.

Den Lauf der Erde können wir nicht beeinflussen, und genau genommen haben wir nicht einmal Einfluss darauf, ob unser Auto morgens anspringen wird oder nicht. Wenn unsere Macht aber so begrenzt ist – warum dann nicht einfach loslassen und sich entspannen?

Geheimnis I – Gelassenheit

 *Kurma spricht: »Besser zur rechten Zeit loslassen, als das Maß überschreiten. Tun, was zu tun ist, um sich dann zurückzuziehen – das ist die Weisheit des Himmels.«*

Natürlich müssen wir uns um unsere Pflichten kümmern, doch das ist kein Grund, Säcke voller Ballast mit uns herumzutragen. Ist eine Aufgabe erledigt, können wir uns einfach der nächsten zuwenden. Ist ein Schritt getan, sollten wir ihn völlig vergessen und uns auf den nächsten konzentrieren. Auf diese Weise können wir von Schritt zu Schritt loslassen, ohne allzu viel zu erwarten.

Ein wenig Übung in der Kunst des Loslassens kann mehr Probleme lösen als tausend übers Knie gebrochene Bretter. Das Gefühl dafür zu entwickeln, wann die rechte Zeit zum Loslassen gekommen ist, erfordert zwar etwas Feingefühl – im Zweifelsfall ist es aber immer besser, loszulassen als festzuhalten.

Apropos loslassen: Vielleicht trennen auch Sie sich ab und zu gern von alten Büchern, von Kleidern, die Sie nie mehr anziehen, oder Gegenständen, die Sie nicht mehr brauchen. Dann wissen Sie auch, wie befreiend sich das anfühlt. Inneren Ballast abzuwerfen ist jedoch noch tausendmal erleichternder, denn mit jedem Sandsack, den Sie abwerfen, kann Ihr Heißluftballon leichter in den Himmel fliegen.

Es gibt viele unsichtbare Sandsäcke, die unsere Gedanken, Gefühle und Vorstellungen beschweren. Auch wenn sie unsichtbar sind, können wir sie doch erkennen, und zwar daran, dass Sie uns oft geradezu dazu »zwingen«, in festen Mustern zu denken oder zu handeln. Anders gesagt: Es sind unsere schlechten Gewohnheiten, die uns auf unsere Fixierungen hinweisen. Zu dieser Art von seelischem Ballast gehören beispielsweise

- die Abhängigkeit von Alkohol, Zigaretten, Drogen, Beruhigungsmitteln oder Aufputschmitteln.
- zwanghafte sexuelle Wünsche oder Vorstellungen.
- Fixierungen im Bereich der Ernährung – etwa die Lust, ständig Süßes zu essen oder insgesamt zu viel oder zu wenig zu essen. Ob Übergewicht oder Magersucht: Letztlich ist es immer die Seele, die Essstörungen verursacht.
- Konsum-, Arbeits-, Spiel-, Fernseh- oder Internetsucht.
- schlechte Denkgewohnheiten und charakterliche Schwächen wie Neid, Geiz, Hass, Gier, Machtstreben, Geltungsdrang, übertriebener Ehrgeiz, Rachsucht oder Verärgerung.
- die Angewohnheit, andere (oder sich selbst) zu beurteilen und verurteilen.
- Perfektionismus, Schönheitswahn, Leistungsdenken oder Konkurrenzkampf.

Geheimnis I – Gelassenheit

 Als Kurma einmal durch die steinigen Hügel spazierte, gesellte sich Sindhu, der Esel, zu ihr. Schweigend ging er lange neben ihr her. Schließlich sprach er: »Kurma, liebe Meisterin, nun habe ich die Steifheit aus meinem Körper verbannt und gelernt, meinen Atem zu nutzen – und doch ist mir heute alles gründlich misslungen.« Nachdem Kurma nichts erwiderte, fuhr Sindhu fort: »Als ich heute erwachte, schien die Sonne so schön, daher weckte ich Yala, meine kleine Tochter. Eigentlich wollte ich sie nur überreden, mit mir einen Spaziergang zur grünen Wiese zu machen, aber die störrische kleine Eselin weigerte sich, auch nur einen Fuß vor den anderen zu setzen. Als sie gar nicht hören wollte, habe ich sie schließlich angebrüllt – doch jetzt ist sie beleidigt und seither ist dicke Luft im Stall.« Kurma blieb stehen, schaute Sindhu lange an und sprach: »Sindhu, mein Lieber, nicht alles lässt sich durch die Kunst der Entspannung oder die Zügelung des Atems erreichen. Willst du wieder gute Luft, so biete Yala eine große Wiese an.« »Das verstehe ich nicht!«, sprach Sindhu. »Gerade auf die Wiese wollte ich doch mit ihr.« Kurma erwiderte: »Jemanden irgendwohin zerren, das bedeutet nicht, ihm eine große Wiese anzubieten. Diejenigen, die wir lieben, loszulassen – das trifft es eher.« Sindhu blickte zweifelnd drein und sprach: »Den Ärger über einen Wespenstich loslassen, das lasse ich ja gelten. Aber meine eigene und einzige Tochter – wie könnte ich sie jemals aufgeben?« Daraufhin antwortete Kurma: »Wenn diejenigen, die du liebst, Schutz und Geborgenheit brauchen, so gib sie ihnen. Wenn diejenigen, die du liebst, indes Freiheit und Raum brauchen, so gib

sie ihnen. Jemanden in Liebe begleiten, ohne seinen Fluss zu stören, das bedeutet, ihm eine große Wiese anbieten.« Als Kurma so gesprochen hatte, ging Sindhu nachdenklich von dannen.

Auch der Wunsch, andere Menschen beeinflussen zu wollen, ist eine Form von innerem Ballast. Die Folgen können fatal sein – vor allem wenn es nahestehende Menschen sind, die wir kontrollieren möchten, wie etwa unser Partner, unsere Kinder oder enge Freunde.

Jeder von uns hat seinem eigenen Weg zu folgen – und auch wenn es für uns nicht immer den Anschein hat, weiß doch jeder im Grunde seines Herzens sehr wohl, wie der richtige Weg für ihn aussieht. Den anderen so zu akzeptieren, wie er ist, und dabei auch zu erkennen, dass die Umwege, die er gehen mag, einfach zu ihm gehören, kann ihn und uns von ungeheurer Last befreien.

Loslassen ist wichtig, um den Gipfel mit möglichst wenig Gepäck erreichen zu können. Wenn es uns (verständlicherweise) schon nicht gelingt, uns ganz und gar von unseren Anhaftungen zu befreien, sollten wir uns zumindest darum bemühen, Belastendes auf ein Minimum zu reduzieren. Hier und da ein paar Steine wegwerfen – auch das ist eine Möglichkeit, unseren Rucksack im Laufe der Zeit zu leeren: Etwas mehr Nachsicht gegenüber unseren Kindern oder Nachbarn, ein wenig mehr Abstand zu unserem Neid, ein Abend ohne Fernsehen oder einfach auch nur ein Stück Sachertorte weniger – es gibt so viele kleine und große Gelegenheiten, um loslassen zu üben.

Geheimnis I – Gelassenheit

Aus Kurmas Übungen:
Innehalten und loslassen

Die folgende Übung hilft Ihnen dabei, klar zu sehen, woran Sie festhalten und das dann loszulassen. Sie besteht aus zwei Schritten: 1. Innehalten und beobachten und 2. Loslassen negativer Gedanken- oder Gefühlsmuster:

1. INNEHALTEN UND »STOPP!« SAGEN

Gedanken und Gefühle haben die Eigenschaft, ständig in Bewegung zu sein. Das kann lästig werden, wenn ein Thema massiv auftritt oder wir in Grübelei verfallen. Ob Eifersucht, Wut, heftige Begierden, Konkurrenzdenken, Ängstlichkeit oder das Gefühl von Minderwertigkeit – wie auch immer die Passagiere aussehen, die Sie in Ihrem Gedankenkarussell herumfahren, Sie sollten lernen, innerlich »stopp!« zu sagen.

Negative Gedanken- und Gefühlskreisläufe können durch diese einfache Methode gut durchbrochen werden. Wichtig dabei ist, dass Sie nicht aufgeben, »stopp!« zu sagen, bevor Ihre »Passagiere« abspringen. Anfangs werden Sie also oft »stopp!« sagen müssen, doch irgendwann geben die Kreisgedanken auf.

2. BEWUSST LOSLASSEN

Sobald Sie seelische Belastungen dingfest machen konnten, sollten Sie ihnen einen Namen geben – etwa »Sucht«, »Sicherheitsdenken«, »Geld«, »Angst vor Krankheit« oder was auch immer es sei. Nach -

dem Sie eine dieser Fixierungen durch Selbstbeobachtung erkannt und dann innerlich »stopp!« gesagt haben, beginnt der zweite Teil der Übung: Setzen Sie sich bequem und aufrecht hin, schließen Sie die Augen und stellen Sie sich vor, wie Sie das, woran Sie innerlich festhalten – nehmen wir beispielsweise »Wut« – symbolisch in Ihre rechte Hand nehmen. Umschließen Sie die »Wut« fest in Ihrer rechten Faust. Spannen Sie dann Ihre Muskeln an. Versuchen Sie, sich sogar richtig zu verkrampfen, indem Sie mit den Zähnen aufeinanderbeißen, Ihr Gesicht zusammenkneifen und die Schultern hochziehen.

Atmen Sie jetzt tief ein, atmen Sie dann tief aus und denken Sie beim Ausatmen: »Ich lasse ... (in unserem Beispiel: ›meine Wut‹) jetzt los!« Öffnen Sie dabei die Faust, schütteln Sie die Hand aus und entspannen Sie Schultern, Nacken und Gesicht schlagartig. Wiederholen Sie das noch zwei- bis dreimal: Denken Sie nochmals an die Eigenschaft, die Sie loslassen möchten, nehmen Sie sie in Ihre Hand, machen Sie eine feste Faust, spannen Sie die Muskeln an und dann – ausatmen, entspannen und vollkommen loslassen.

 *Kurma spricht: »Zur Ruhe kommen – das heißt heimkehren ins wahre Selbst.«*

Wir haben in diesem Abschnitt gesehen, dass es im Grunde das Anhaften an positiven wie auch an negativen Dingen ist, das uns die

Gelassenheit nimmt. Es gibt drei häufige Barrieren, die uns den Zugang zu unseren inneren Energiequellen versperren: Hektik und Eile in all den kleinen Dingen des Alltags, Konkurrenz- und Leistungsdenken und übertriebene Geschäftigkeit. Der Weg daraus: entspannen, zur Ruhe kommen und innerlich loslassen. Der Atem kann auf diesem Weg zu einem wertvollen Lehrer werden.

Nur wer im Fluss bleibt, kann auch in schwierigen Situationen Gelassenheit bewahren. Solange wir noch gegen den Fluss anschwimmen, werden wir niemals wirklich loslassen können. Natürlich ist es nicht immer leicht, einfach nur anzuerkennen, *was ist*. Doch *was ist*, das ist nun mal – ganz unabhängig davon, ob es nun nach unserem Geschmack ist oder nicht. Wir freuen uns, wenn die Sonne scheint, und sind betrübt, wenn es regnet. Doch warum ist uns das Wetter überhaupt so wichtig? Warum machen wir unser Glück von Zufällen, die nicht einmal der Wetterbericht vernünftig vorhersehen kann, abhängig?

Sonne ist Sonne, Wind ist Wind und Regen ist Regen – kein Grund, das persönlich zu nehmen. Das Problem ist aber, dass wir die Angewohnheit pflegen, innerlich Widerstand gegen alles zu leisten, was uns missfällt. Daher fällt es oft so schwer, sich dem Fluss des Lebens anzuvertrauen. Zumindest sollten wir aber die Möglichkeit in Betracht ziehen, dass alles, so wie es ist, vielleicht tatsächlich vollkommen in Ordnung ist – selbst wenn es auf den ersten Blick nicht den Anschein hat …

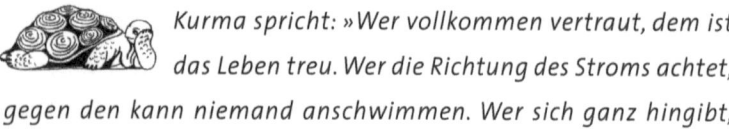 *Kurma spricht: »Wer vollkommen vertraut, dem ist das Leben treu. Wer die Richtung des Stroms achtet, gegen den kann niemand anschwimmen. Wer sich ganz hingibt, der verwandelt sein Selbst zu Stille und Kraft.«*

Von Kindheit an wurde uns beigebracht, wie wichtig es ist, sich anzustrengen und zu kämpfen, um die Kontrolle zu bewahren. Dabei ist es eigentlich völlig unmöglich, alles im Griff zu haben. Selbst so persönliche Dinge wie den Zeitpunkt unserer Geburt oder unseres Todes können wir nicht kontrollieren – wie viel weniger erst äußere Ereignisse oder andere Menschen!

Damit wir Vertrauen in das Leben entwickeln können, ist es hilfreich, »sich zurückzulehnen«. Auch wenn man sich in der Meditation für gewöhnlich nicht anlehnt, so entspricht es doch durchaus der meditativen Geisteshaltung, sich zurückzulehnen und die Dinge einfach auf sich zukommen zu lassen.

Das Pferd laufen lassen, ohne ständig die Zügel in die Hand nehmen zu wollen – das ist einfacher gesagt als getan. Dennoch kann man diese Einstellung in vielen kleinen Dingen üben, so beispielsweise auf Reisen: Wenn wir eine neue Stadt in einem fremden Land erkunden wollen, tun wir das meist »aktiv« – etwa indem wir durch die Altstadt laufen, einige Sehenswürdigkeiten abhaken und dabei den Stadtplan studieren. Und doch ist das nur *eine* Möglichkeit, einen Ort kennen zu lernen. Die andere besteht darin, sich in ein Straßencafé zu setzen, in aller Ruhe einen Cappuccino zu trinken und dann einfach zu beobachten, wie sich die Stadt »anfühlt«: Was für Menschen leben hier? Wie ist die Atmosphäre? Was kann ich um mich herum wahrnehmen? Welchen Eindruck macht beispielsweise der Kirchturm hinter der Häuserzeile auf mich? Und was für Geräusche kann ich hören – wie hört sich die fremde Sprache an, die von den Nebentischen her an mein Ohr dringt?

Damit wir die Welt durch meditative Augen betrachten können, ist es wichtig, die Perspektive zu ändern. Statt immer Akteur zu sein, sollten wir uns einfach darauf einlassen, Zuschauer zu werden. Statt mittendrin »festzustecken«, gewinnen wir so mehr Abstand und Freiheit – ohne dabei zu übersehen, was um uns herum geschieht. So lernen wir, uns zurückzulehnen und »die Welt aus der Hand zu geben«. Diese Fähigkeit ist spätestens dann Gold wert, wenn wir es mit kritischen Situationen oder gar handfesten Krisen zu tun haben. Gerade dann ist es wichtig, die Kontrolle aufzugeben und sein Urvertrauen wiederzuentdecken.

Obwohl es heftig regnete, war Kurma auf dem Weg zur grünen Wiese, als sie am Eselstall vorbeikam. Im vom Regen durchnässten Stroh lag Sindhu, der Esel, und weinte gar bitterlich. »Warum weinst du?«, fragte Kurma. »Ich weine um Yala, mein liebes Töchterlein. Als ich sie heute wecken wollte, war sie nirgends zu finden. Jetzt denke ich, dass der Wolf sie gefressen hat. Vielleicht hat sie sich aber auch verlaufen oder ist in die tiefe Schlucht gefallen, von wo aus es kein Entrinnen gibt.« Kurma schwieg eine Weile, dann sprach sie: »Sindhu, deine Vorstellungs-

kraft ist freilich bewundernswert, ein ruhiger Geist wäre aber noch bewundernswerter und vor allem hilfreicher.« Empört erwiderte Sindhu: »Aber Meisterin – meine Tochter ist spurlos verschwunden! Soll ich mir da etwa keine Sorgen machen?« Darauf meinte Kurma: »Was nützt dir deine Sorge? Und was nützt sie Yala? Angenommen, der Wolf hätte sie gefressen, könntest du das dann noch ändern? Hat er sie aber nicht gefressen, sorgst du dich erst recht umsonst.« Sindhu wurde nachdenklich. Schließlich fragte er: »Aber was soll ich denn tun?« Kurma erwiderte: »Ziehe dich ganz in dich selbst zurück und lass dein Denken zur Ruhe kommen. Bleibe ganz bei deinem Atem und lass dein Gemüt zur Ruhe kommen. Nimm deine Sorgen wie Strohfeuer – kurze Flammen, die schnell erlöschen: kein Grund, sich hineinzuvertiefen.« Nachdem Kurma dies gesprochen hatte, sah der Esel sie erleichtert an und dankte seiner Meisterin.

Am folgenden Morgen traf Kurma Sindhu mit seiner kleinen Yala. Kurma lachte und sprach: »Wie ich sehe, hat der Wolf dein Töchterlein wieder ausgespuckt ...« »Aber nein – nicht doch«, meinte darauf Sindhu. Yala ist schon vor Sonnenaufgang aufgestanden, und stell dir vor: Sie hat den steilen Berg der Himmlischen Freude ganz allein bezwungen. Das war es, was sie mir beweisen wollte.« Kurma sah dem großen und kleinen Esel noch lange nach und lächelte zufrieden.

Oft ist Geduld die einzige Fähigkeit, die wir wirklich bräuchten, um schwierige Situationen zu meistern. Statt sich in Sorgen und Grübelei über Dinge, die ohnehin niemand ändern kann, zu verstricken, ist es meist besser, einfach abzuwarten. Ein Wirbelwind dauert nicht den ganzen Tag, selbst Himmel und Erde sind nicht von Dauer. Ohne gefragt zu werden, kommen wir und gehen wir – genau genommen gibt es also nicht vieles, an dem es sich festzuhalten lohnt.

Durch Geduld und Gelassenheit helfen wir nicht nur uns, sondern auch anderen Menschen, schwere Zeiten gut zu überstehen. »Abwarten« heißt dabei jedoch nicht, auf etwas Bestimmtes zu warten. Wer wartet – sei es nun auf den Traumpartner, einen wichtigen Anruf oder auch nur auf sein Taxi –, der richtet sein Denken in die Zukunft: Er wartet darauf, dass etwas sich ändert oder dass endlich etwas geschieht.

Geduldig und gelassen reagieren wir, wenn wir ganz bei uns bleiben, die Nerven bewahren und sorgenvolle oder ängstliche Gedanken zügeln. Genauso wichtig ist dabei jedoch, zu erkennen, dass wir statt aktiv zu »warten« auch einfach »sein« können – nicht erst irgendwann einmal in der Zukunft, sondern hier und jetzt! Alles, was uns passiert, kann letztlich heilsam für uns und unsere Entwicklung sein – selbst wenn es schlimme Dinge sind. Die ganze Welt ist Medizin, und Gelassenheit hilft uns dabei, dies zu erkennen.

Geheimnis I – Gelassenheit

 # KURMAS LOB DER GELASSENHEIT

Dem Herzen, das in Gelassenheit zur inneren Ruhe findet,
können Regen und Sturm nicht gefährlich werden.
Wandelbar sind die Menschen, wandelbar Himmel und Erde,
doch still und friedlich bleibt der Geist, der sich nicht bindet.
Die Dinge im ewigen Fluss – sie fließen ganz von allein,
und während sich alles wandelt, bleibt doch alles im
ewigen Sein.

KURMAS GEHEIMNISSE

Gelassenheit. Nimm die Dinge nicht zu wichtig – vor allem aber nicht dich selbst!

Geheimnis I – Gelassenheit

2 LANGSAMKEIT

*Das Geheimnis, sich viel,
viel Zeit zu nehmen …*

DER ZWEITE WETTLAUF. *Shashaka schämte sich eine ganze Weile, dass er den Wettlauf mit der alten Schildkröte auf so dumme Weise verloren hatte. Doch schließlich überwand er sich und suchte Kurma zum zweiten Mal auf, um ein weiteres Rennen zu fordern. Kurma sprach: »Morgen, bei Sonnenaufgang.«*

Der Hase war ebenso aufgeregt wie beim ersten Wettlauf, doch diesmal sollte er nicht verschlafen! Er schlief am Nachmittag und bat zwei Freunde, in der Nacht zu wachen und ihn beizeiten zu wecken. So kam er am frühen Morgen, noch bevor die Sonne erschien, zur vereinbarten Stelle. Er verbeugte sich – ein wenig spöttisch – vor Kurma. »Meisterin Schildkröte, habt ihr denn wirklich geglaubt, ich würde ein weiteres Mal verschlafen?« Kurma blickte zum Horizont und sprach: »Ein Unwetter zieht auf. Lass uns den Wettlauf lieber verschieben.« Shashaka lachte, halb belustigt, halb verärgert. »So wollt ihr euch also vor der Niederlage schützen! Ist das eure ganze Weisheit? Ich werde den Wettlauf beenden – wenn ihr aufgebt, habt ihr dennoch verloren!« »Nun gut«, seufzte Kurma. »Aber lauf langsam!« »Gewiss, gewiss!«, rief Shashaka lachend und rannte los. Starker Regen schlug ihm ins Gesicht, doch er achtete nicht darauf, so sehr freute er sich auf den Sieg. Der Regen wurde zum Sturm und zum Gewitter. Blitze schlugen um ihn herum ein und Donnerschläge betäubten seine Ohren. Hagel prasselte herab und schlug ihn grün und blau. Schließlich schleuderte ihn eine heftige Windböe gegen einen Felsen, sodass er kurz benommen dalag. Mit zitternden Beinen stand er auf und lief weiter. Der Sturm ließ langsam nach und der Himmel klarte auf. Im Tageslicht erkannte Shashaka, dass er die Richtung verloren hatte und vom Ziel weiter entfernt war als zu Beginn. Er rannte so schnell er konnte. Doch Kurma wartete am Ziel bereits auf ihn.

So gewann Kurma, durch Langsamkeit zur rechten Zeit die Wechselfälle des Wetters überwindend, den zweiten Wettlauf.

Vielleicht geht es Ihnen ja genauso wie vielen anderen Menschen, die heutzutage noch Bücher lesen: Einerseits möchten Sie gern ein wenig schmökern, aber eigentlich müssten Sie sich »wichtigeren Dingen« zuwenden – Sie haben im Grunde gar keine Zeit. Gut möglich, dass Ihnen das auch mit diesem Kapitel so geht. Falls Sie sich nicht ganz bewusst etwas Zeit zum Lesen genommen haben, hilft es nämlich auch nichts, wenn das Thema dieses Kapitels nun zufällig »Langsamkeit« lautet. Vermutlich werden Sie die folgenden Seiten dann trotzdem nur schnell überfliegen können, bevor Sie … ja was denn eigentlich? Bevor Sie noch schnell aufräumen, rasch die Einkäufe erledigen, die Kinder von der Schule abholen und die Pizza schnell in die Mikrowelle schieben – und dabei merken, dass Sie bei alledem bedauerlicherweise ebenso in Eile sind wie beim Lesen?

Wir leben in einer hektischen Zeit. Es ist daher kein Zufall, dass wir oft das Gefühl haben, als ob unser Leben an uns nur so vorüberrauscht. Immerhin rund zwei Drittel aller Deutschen nennen Hektik und Zeitdruck als die wichtigsten Ursachen von Stress. Wer ständig in Eile ist, leidet wesentlich häufiger unter Rücken- und Kopfschmerzen oder steifen Schultern und verspannten Nackenmuskeln als gemütlichere Zeitgenossen (die jedoch ohnehin vom Aussterben bedroht sind).

Wer die Dinge nun lieber etwas langsamer angehen würde, lebt zweifellos gegen den Trend. Denn Geschwindigkeit ist alles – ob beim DSL-Anschluss, beim Internet-Shopping oder auf der Autobahn ...

1965 kam der erste *Opel Kadett* noch mit 40 PS aus – von 0 auf 100 brauchte er gemütliche 26 Sekunden (und viel schneller fuhr er ohnehin nicht). Der moderne Kadett-Nachfolger *Astra* braucht in seiner etwas sportlicheren Variante nur knapp 7 Sekunden, um auf 100 zu kommen, erreicht dann aber noch ein Schwindel erregendes Tempo von 240 km/h.

Auf der Schiene ist die Beschleunigung noch eindrucksvoller. Als 1829 fünf Dampflokomotiven zwischen Liverpool und Manchester beim berüchtigten »Rennen von Rainhill« gegeneinander antraten, war es die Lok »The Rocket«, die ihre Konkurrenz mit dem für damalige Verhältnisse irrwitzigen Tempo von 48 km/h abhängte. Heute schafft der ICE Spitzengeschwindigkeiten von 350 km/h und ist somit über siebenmal so schnell wie sein dampfender Großvater aus England.

»Als Kurma sich gerade zu ihrem Mittagsschläfchen niederlegen wollte, kam Pikki, die Feldmaus, angerannt. »Du bist ja ganz außer Atem – was ist denn passiert?«, fragte Kurma. »Nichts, nichts«, schnappte Pikki. »Es ist nur so, dass das ewige Rennen mir den Atem raubt. Ich renne hierhin und dorthin und

habe das Gefühl, als käme ich doch nie an. Ich muss immerzu weiter und weiter; es muss schließlich vorwärtsgehen, aber irgendwie muss ich immerzu gegen die Zeit ankämpfen.« Kurma schaute Pikki mitleidsvoll an. Nach einer Weile sprach sie: *»Pikki, meine Liebe, schau dich um: Da ist niemand, der dich verfolgt – niemand, vor dem du weglaufen müsstest. Aussichtslos ist der Kampf gegen die Zeit, denn die Zeit ist mit dir, nicht gegen dich. Umarme sie, statt sie zu fliehen.«*

Wenn Sie Freunden davon erzählen, dass Sie sich gehetzt fühlen, werden Sie kaum mehr als ein Schulterzucken ernten. Das Gefühl von Hektik ist so normal geworden, dass es im Grunde allen so geht – nichts Besonderes und kaum erwähnenswert. Bei den meisten von uns beginnt die tägliche Rennerei schon am frühen Morgen, wenn der Wecker uns unsanft aus der Welt der Träume reißt. Ob unter der Dusche, am Frühstückstisch, auf dem Weg zur Arbeit, bei Telefonaten, wichtigen Terminen oder beim Kampf mit der Deadline: Immer scheint es, als würde in unserem Hinterkopf gnadenlos eine Uhr ticken, als stünde da ein Sklaventreiber hinter uns, der den Takt trommelt, ohne mal nachzufragen, ob dieser Takt uns denn auch überhaupt passt.

Dass wir heute schneller vorankommen als vor 100 Jahren steht außer Frage. Die Frage ist nur: Haben wir dadurch wirklich Zeit gewonnen? Haben zeitsparende Erfindungen wie E-Mail, Geschirrspülmaschinen, elektrische Zahnbürsten oder Jumbojets uns wirklich mehr »Zeit zum Leben« geschenkt?

Während man sich zu Goethes Zeiten für eine Reise nach Italien noch viele Tage lang in einer unbequemen Kutsche durchschütteln lassen musste, schaffen wir die gleiche Strecke heute in wenigen Stunden. Vormittags können wir noch ein Fischbrötchen am neuen Hamburg-Airport essen und nachmittags bereits unseren Cappuccino auf der *Via del Corso* mitten in Rom trinken. Doch was nützt uns das, wenn wir uns dazu nicht einmal hinsetzen, sondern lieber zum »Coffee-To-Go« greifen, den wir dann im Laufschritt auf dem Weg zu einem wichtigen Termin in uns hineinkippen?

Soziologische Studien zeigen, dass wir heute nicht wirklich mehr Zeit für uns gewonnen haben. Auch wenn die Arbeitszeit in Deutschland vor 40 Jahren deutlich über der heutigen lag, hatten die Menschen damals rund eine Stunde mehr »echte Freizeit«, die sie für sich nutzen konnten. Heute essen wir schneller, schlafen schlechter, gehen seltener an die frische Luft und verlieren zunehmend die Fähigkeit, das Leben zu genießen. Fast die Hälfte aller Deutschen fühlt sich heute gehetzt und außer Atem.

Kurma spricht: »Schnelle Füße sind nicht genug – es muss auch Ziele geben, wo es sich anzukommen lohnt. Lange leben ist nicht genug – es muss auch Zeiten geben, da wir uns unseres Lebens vollkommen bewusst werden.«

Zeit ist relativ. Manchmal kommen einem einige Sekunden wie eine Ewigkeit vor. Manchmal aber ziehen sich die Wochen zäh wie Kaugummi dahin. Im Rückblick erscheint diese Zeit dann wie ein langweiliger Film, den wir uns besser hätten ersparen sollen. Die objektiv messbare Zeit sagt also wenig aus. Viel wichtiger ist es, Zeit bewusst zu erleben und sie für sich zu nutzen. Im Allgemeinen eignet sich die Freizeit dazu ja besonders gut. Haben Sie schon einmal bemerkt, dass sich die Worte »Freizeit« und »Freiheit« nur durch einen einzigen Buchstaben unterscheiden? Doch wie viel Freiheit schenkt Ihnen Ihre Freizeit wirklich?

Aus Kurmas Übungen:
Wie viel Zeit habe ich für mich?

Ganz unabhängig davon, dass Arbeit oft sehr erholsam und freie Zeit mitunter recht anstrengend sein kann, teilen wir unsere Lebenszeit normalerweise gerne in »Arbeitszeit« und »Freizeit« auf. Doch wie sieht das Verhältnis bei Ihnen eigentlich genau aus?

Schließen Sie kurz die Augen und denken Sie über Ihre Zeit nach: Was tun Sie wirklich nur für sich, was für andere? Wie viel Zeit investieren Sie in Ihren Terminplan, wie viel in die Entwicklung Ihrer Freiheit? Wann haben Sie Ihre freie Zeit zuletzt bewusst genossen – beispielsweise indem Sie einen langen Spaziergang im Wald gemacht, ein Buch gelesen oder sich Zeit für die Sauna genommen haben?

Schauen Sie jetzt einmal auf die beiden letzten Tage zurück, und spulen Sie diese kurz vor Ihrem inneren Auge ab. Stellen Sie sich dabei folgende Fragen: Wie viel Zeit haben Sie

- gemeinsam mit Ihrem Partner verbracht?
- Ihrer Familie geschenkt?
- dafür eingesetzt, Ihre Talente und Begabungen zu entwickeln?
- mit einem guten Freund oder einer Freundin, der/die Ihnen wirklich wichtig ist, verbracht?
- sich genommen, um sich selbst zu spüren und das Leben zu genießen?

Nun? Wie sieht Ihre Bilanz aus? War es etwa die Hälfte Ihrer Zeit? Oder ein Drittel? Waren es nur wenige Stunden? Oder haben Sie gerade für die Dinge, die wirklich wesentlich für Sie wären, so gut wie gar keine Zeit übrig gehabt?

Wo liegen eigentlich die Gründe für unsere alltägliche Eile? Schließlich wissen wir alle, wie unangenehm sich Hektik anfühlt. Wenn durch hektisches Handeln aber nicht zumindest mehr Freizeit für uns herausspringt, stellt sich natürlich die Frage: Wozu das Ganze? Warum leben wir nicht langsamer, gemächlicher und entspannter? Ein Grund mag im veränderten Lebenstempo liegen, das um uns herum herrscht. Doch wer kam zuerst – die Henne oder das Ei? Sind wir wirklich nur Opfer, oder tragen wir mit zur allgemeinen Raserei bei, indem auch wir kräftig aufs Gas drücken?

Es gibt einige innere Ursachen, die dafür verantwortlich sind, dass uns die Wiederentdeckung der Langsamkeit so schwer fällt:

1. Die Angst vor der Leere: Wer auch nur *irgendetwas* tut – und sei es noch so banal –, ist zumindest beschäftigt und entrinnt für kurze Zeit dem Gefühl der Leere, Langeweile oder Sinnlosigkeit. Stille und Nichtstun ängstigen die meisten Menschen. Wer sein Leben entschleunigt und still wird, lernt sich selbst sehr genau kennen. Das ist natürlich nicht immer angenehm. Andererseits können wir ohnehin nicht vor uns selbst davon laufen, und je früher wir also den Mut haben, der Leere ins Gesicht zu sehen, desto schneller werden wir entdecken, dass sich hinter dieser vermeintlichen Leere eine ungeheure Fülle versteckt.

Die Reise zur eigenen Quelle führt von der Oberflächlichkeit in die Tiefe. Man muss nur erst einmal auf den Geschmack kommen, um Gefallen daran finden. Ähnlich ergeht es Tauchern: Wer erstmal entdeckt hat, wie spannend es ist, die Unterwasserwelt mit Schnorchel und Taucherbrille zu erkunden, hat später kaum noch Freude daran, an der Wasseroberfläche herumzudümpeln – es zieht ihn förmlich lustvoll in die Tiefe.

2. Ungeduld: Natürlich ist Ungeduld auch eine Frage des Temperaments. Es gibt einfach Menschen, denen nichts schnell genug gehen kann. Sie nähern sich schon bedrohlich dem Nervenzusammenbruch, wenn eine Ampel zu lange Rot zeigt. Alles muss sofort gehen: das Auto noch heute repariert sein, die soeben im Internet bestellten Bücher morgen schon im Briefkasten stecken, das Essen in Windeseile auf dem Tisch stehen ... Ein unruhiger Geist gilt in unserer Kultur oft als Zeichen für Tatendrang und Führungsqualitäten. Ob die Taten dann positive Früchte tragen und die Führung nicht im Graben mündet, ist fraglich. Sicher ist aber, dass derjenige, der sich nicht beherrschen kann, tagtäglich Opfer seiner eigenen Ungeduld wird.

Auch wenn Ungeduld dem einen oder anderen im Temperament stecken mag, sie ist letztlich doch nur eine Eigenschaft: eine Mischung aus Gedanken-, Gefühls- und Reaktionsmustern, die sich wie alle Muster beeinflussen und ändern lassen. Wenn Ungeduld die Krankheit ist, ist Langsamkeit das Heilmittel!

3. Die Angst, etwas zu verpassen: Immer und überall dabei sein wollen – auch das ist eine gute Möglichkeit, sein Lebenstempo nach oben zu schrauben. Wer glaubt, dass er »etwas verpasst«, wenn er nicht bei jeder Konferenz, jeder Party oder jeder Eröffnung eines neuen Einkaufszentrums mit von der Partie ist, glaubt im Grunde vor allem daran, dass er das Glück nur im Außen finden kann. Wer aber nichts versäumen will, versäumt dabei allzu leicht das, was er keinesfalls versäumen sollte – nämlich sich selbst!

4. Wichtig sein wollen …

Kurma beobachtete Pikki schon eine ganze Weile: Bereits fünfmal war die Maus inzwischen knapp an ihr vorbeigelaufen. Doch beim sechsten Mal rannte Pikki nicht vorbei: Sie hielt im Laufschritt geradewegs auf Kurma zu, krachte mit ihrer Nase gegen Kurmas Panzer, purzelte durch die Luft und landete recht unsanft auf ihrem Allerwertesten. »Aua!«, schrie Pikki. »Verzeihung, ich habe Euch gar nicht gesehen.« »Das war auch mein Eindruck«, erwiderte Kurma gelassen. »Du hast wohl viel zu tun?« »Jaja! Erst musste ich Vorräte für die nächsten Tage besorgen, dann habe ich an drei neuen Höhlen für meine Familie gegraben. Danach habe ich Rantan, dem Skorpion, ein Schüsselchen Wasser vom Fluss gebracht, denn das hatte ich ihm versprochen, und jetzt muss ich schnell noch zu Meisterin Yuna, um mit ihr eine Partie Schach zu spielen.« »Du scheinst ja wirklich ganz schön wichtig zu sein«, schmunzelte Kurma. »Das will ich wohl meinen!«, sagte Pikki mit stolz geschwellter Brust. »Sagt, Meisterin, ist es nicht erstrebenswert, Bedeutung zu besitzen?« Darauf Kurma: »Wichtig zu sein, mag vielleicht gut sein. Das Wichtige vor seinen eigenen Augen nicht zu sehen, führt jedoch nur dazu, dass man sich den Kopf stößt. Wer wichtig ist und dabei doch keine Zeit für seinen eigenen Weg findet, verfehlt alles. Wer unwichtig ist und dadurch Zeit gewinnt, gut auf seine Schritte zu achten, gewinnt alles.«

Sich von der eigenen Wichtigkeit verabschieden – das erfordert Mut. Denn schließlich: Wer wichtig ist, wird ständig gebraucht und erfährt andauernde Bestätigung. Nicht umsonst gilt ein prall gefüllter Terminkalender daher als Symbol für den eigenen Wert. Oft scheint es, dass wir gar nicht *mehr Zeit*, sondern eher *weniger Zeit* haben wollen. Zumindest würde das erklären, warum wir selbst dann noch Termine einschieben, wenn es unsere Zeit eigentlich längst nicht mehr zulässt.

Geheimnis II – Langsamkeit

Einmal ganz unwichtig und »nutzlos« sein und sich dabei trotzdem pudelwohl fühlen – das schafft nur, wer sein Selbstbewusstsein nicht aus Leistungen und äußerer Anerkennung bezieht, sondern allein aus seinem Sein. Gelegentlich beraubt uns das Schicksal unserer eigenen Wichtigkeit – beispielsweise wenn wir unseren Job verlieren, die Kinder aus dem Haus oder wir in Rente gehen. Manchmal geben wir auch selbst ein Stück unserer Bedeutsamkeit auf, etwa dann, wenn wir Aufgaben abgeben oder uns freiwillig aus einem Projekt oder einer Beziehung zurückziehen. Auf jeden Fall aber können wir solche Chancen immer nutzen, um uns mehr auf uns selbst zu besinnen. So können wir nicht nur entspannter leben, sondern auch dem Herzinfarkt entgehen.

Kurma spricht: »Sind die Füße in Eile, eilt auch das Herz. Ist das Herz in Eile, wird die natürliche Harmonie im Körper gestört. Kommt die natürliche Harmonie aus dem Gleichgewicht, so wird der Geist verwirrt und zehntausend Leiden kommen zum Vorschein. So ergeht es jenen, die die Kunst der Zügelung nicht kennen.«

In diesem Abschnitt haben wir festgestellt, dass wir in einer Zeit voller Hektik leben. Alles dreht sich um mehr Zeit, und doch haben wir offenbar immer weniger davon – vor allem für die wirklich wichtigen Dinge. Die Hauptgründe dafür sind vor allem Angst, Ungeduld und der Wunsch, bedeutsam zu sein. All das führt dazu, dass wir uns von uns selbst entfernen. Indem wir zu mehr Langsamkeit finden, werden wir mehr zu uns selbst und zu innerer Zufriedenheit finden.

Hektik erzeugt Stress und Stress macht krank. In Industrienationen sind Herz-Kreislauf-Erkrankungen die häufigste Todesursache. Wer die Bremse in seinem Leben nicht mehr findet, schadet seinem Körper und rast ungebremst seinem frühen Ende entgegen. Gestresste Menschen leiden deutlich häufiger unter Asthma, Allergien, Verdauungsstörungen und Kopfschmerzen als Genießer und Lebenskünstler. Zeitdruck führt zudem zu Schlafstörungen und Nervosität.

Chronischer Stress belastet nicht nur die Nerven, sondern auch das Immunsystem. Die Infektanfälligkeit steigt, der Blutdruck ebenfalls. Das Risiko, einem Herzinfarkt oder Schlaganfall zum Opfer zu fallen, erhöht sich deutlich. Zwar sind es oft äußere Faktoren wie Termindruck, die den Stress erzeugen; mindestens ebenso oft sind es aber auch ganz alltägliche, »selbst verschuldete« Verhaltensmuster, die uns auf »180« bringen. Hier ein Beispiel, das Ihnen vielleicht bekannt vorkommt:

> Eigentlich will Jenny vor dem Kochen kurz einen Spaziergang machen, da die Sonne noch so schön scheint. Im Flur fällt ihr auf, dass sie ihre Schuhe eigentlich mal dringend putzen sollte. Sie holt den Schuhputzkasten und vermisst den Lappen – also geht sie rasch in den Keller und sucht nach alten Tüchern, aus

denen sie mühselig ein Stück herausschneidet. Endlich sind die Schuhe wieder blitzblank, da fällt ihr ein, dass sie die dreckigen Tassen noch rasch in die Geschirrspülmaschine stellen sollte. Das ist schließlich praktisch, denn dann kann sie die Maschine schon mal laufen lassen, während sie spazieren geht. Allerdings verbraucht sie dabei den letzten Spül-Tab: also schnell den Einkaufszettel holen und »Geschirrspül-Tabs« draufschreiben – aber wo ist eigentlich der Stift schon wieder gelandet? Ach ja, und die Pfanne, die nicht in die Spüle passte, spült sie dann lieber doch noch schnell per Hand ab, die braucht sie nachher ja ohnehin zum Kochen. Und während Jenny so im Haus herumsaust, geht die Sonne hinter den Bäumen langsam unter ...

Wer einerseits am Arbeitsplatz unter Druck steht und andererseits auch seine knappe Freizeit nicht richtig nutzt, wird früher oder später völlig überlastet sein. Nicht umsonst sind heute etwa drei Millionen Deutsche Opfer des Burn-out-Syndroms – sie fühlen sich völlig ausgebrannt und erschöpft. Natürlich gibt es dabei verschiedene Vorstufen: So kann sich der nahende Zusammenbruch durch wenig spektakuläre Symptome wie Lustlosigkeit, Müdigkeit, Stimmungstiefs, Migräne, Gereiztheit oder Kopfschmerzen ankündigen.

Geheimnis II – Langsamkeit

»Ach Kurma, habt Ihr vielleicht ein Mittel, das gegen Kopfweh hilft? Schon seit zwei Tagen plagen mich bohrende Schmerzen zwischen meinen Mäuseohren – und dabei gibt es noch so vieles, was ich erledigen muss.« Kurma blickte die jammernde Pikki lange an. Dann sprach sie: »Du zerbrichst dir den Kopf über all die Dinge, die noch zu tun sind. Mit deinen Füßen stehst du hier vor mir im weichen Moos, doch mit deinen Gedanken hetzt du schon weit in der Zukunft voran – wie soll dein Kopf dabei leicht und klar bleiben? Ich habe in der Tat ein Heilmittel für dich. Es ist sehr einfach: Bleibe ganz bei dem, was du gerade tust.«

Aus Kurmas Übungen:
Tue was du tust – sonst nichts

Unkonzentriertheit und Zerstreutheit sind häufige Ursachen für Eile und Hektik. Unser Gehirn ist gar nicht in der Lage, die enorme Fülle an Reizen, die ständig auf uns einprasselt, bewusst zu verarbeiten. Aus diesem Grund blendet es auch ständig Informationen aus – wenngleich wir das gar nicht merken. Während Sie diese Seite lesen, sind Sie sich vermutlich nicht (gleichzeitig!) darüber bewusst, welche Socken Sie anhaben, welche Farbe Ihr Teppich hat oder welche Bücher vorne auf dem Schreibtisch liegen. Wenn Sie darüber nachdenken, wissen Sie es allerdings sofort.

Offensichtlich funktioniert das Leben wunderbar, auch ohne dass Sie alles gleichzeitig im Bewusstsein haben müssen. Nutzen Sie diese

Fähigkeit. Filtern Sie unwichtige Wahrnehmungen aus – bleiben Sie bei EINER Sache, nicht nur mit Ihrem Körper, sondern auch mit Ihren Gedanken. Richten Sie Ihr Bewusstsein nach innen, statt sich von den vielen Reizen nach außen ziehen zu lassen.

Wählen Sie drei Dinge aus, die Sie heute im Laufe des Tages noch irgendwann tun werden. Zum Beispiel

1. Meine E-Mails beantworten
2. Meinen Hund füttern
3. Die Wäsche aufhängen

Tun Sie diese drei Dinge dann einfach langsam und konzentriert – ohne dabei Musik zu hören, fernzusehen oder daran zu denken, was Sie als Nächstes tun wollen. Lassen Sie keine inneren oder äußeren Störenfriede zu:

- Der Wasserhahn tropft, während Sie Ihren Hund füttern? Das kann noch ein paar Sekunden warten: Kümmern Sie sich später darum.
- Das Telefon klingelt, während Sie Ihre nassen Jeans an die Leine hängen? Keine Sorge: Wenn es wichtig ist, wird der Anrufer es später noch einmal probieren.
- Ihnen fällt ein, dass Sie eigentlich noch eine Freundin anrufen wollten? Kümmern Sie sich erst um Ihre E-Mails, so wie Sie es sich vorgenommen haben; *danach* können Sie immer noch bei ihr anrufen.

Geheimnis II – Langsamkeit

Das Aufspüren des eigenen Rhythmus ist eine wichtige Fähigkeit, die sehr dabei hilft, »Zeit zu gewinnen«, statt sie zu verlieren. Alles Lebendige wird von festen Rhythmen beeinflusst. Die natürlichen Rhythmen wie die vier Jahreszeiten, Ebbe und Flut, Tag und Nacht oder die Mondrhythmen prägen uns. Daher ändern auch 30 Fernsehprogramme nichts daran, dass wir im Winter weniger Energie haben als im Sommer, dass wir uns im Frühling besonders leicht verlieben oder dass wir depressiv werden, wenn es uns an Licht mangelt.

Neben den Rhythmen der Natur gibt es auch gesellschaftliche, auf Traditionen beruhende Rhythmen. Das Weihnachtsfest gehört ebenso dazu wie das Sonnwendfeuer, bestimmte Dorffeste oder etwa die Sitte, den Sonntag als Ruhetag zu nutzen. Leider geht es einigen dieser teils Jahrtausende alten Traditionen ähnlich an den Kragen wie bedrohten Tierarten: Immer weniger Menschen kümmern sich darum und ihr Überleben ist somit ungewiss.

Die Störung der Natur-Rhythmen gelingt dem Menschen nur schwer, obwohl der Treibhauseffekt und die ausdauernde Vergiftung der Umwelt hier noch für einige Überraschungen sorgen dürften. Jahreszeiten-Feste und andere Traditionen sind hingegen längst ins Wanken geraten. Ebenso der Tag-Nacht-Rhythmus oder der natürliche Wechsel zwischen Aktivität und Entspannung. All das kann nicht ohne Folgen für unser eigenes Gleichgewicht bleiben: Geraten die äußeren Rhythmen aus den Fugen, so leiden auch die natürlichen Rhythmen im Körper – ob Kreislauf, Puls- und Herzschlag, Hormonhaushalt oder das harmonische Wechselspiel zwischen Sympathikus und Parasympathikus.

Ob Ihnen gesellschaftliche Rhythmen nun wichtig sind oder nicht, ist allein Ihre Entscheidung. Die wichtigere Frage ist, ob es Ihnen gelingt, zu Ihrem individuellen Rhythmus zu finden und ihn zu pflegen. So wie jedes Musikstück seinen ihm eigenen Rhythmus hat, trifft das auch auf jeden Menschen zu. Natürlich ist ein Adagio-Satz ruhiger als ein Allegro-Satz – aber hektisch sind beide nicht. »Allegro« bedeutet nämlich nicht »hetzend«, sondern »bewegt« oder »lebhaft«. Lebendigkeit und Bewegung sind aber nicht das Gegenteil der Langsamkeit, um die es hier geht. (Auch Schildkröten sind schließlich lebendig, bewegen sich und können mitunter sogar recht schnell laufen – mit Hektik hat das aber trotzdem nichts zu tun.)

Als Kurma gerade an nichts dachte, hörte sie hinter sich plötzlich ein aufgeregtes Piepsen. Sie drehte den Kopf und sah Pikki, die offenbar in streitsüchtiger Laune war. »Kurma, ich hab darüber nachgedacht, was Ihr gestern gesagt habt, und finde, dass Ihr ganz und gar im Unrecht seid.« Kurma hob fragend die Augenbrauen. »Ihr habt gesagt: ›Sind die Füße schnell, ist auch das Herz schnell‹ – und dass die Harmonie in Körper und Geist dadurch gestört würde.« Kurma erwiderte: »Nun – nicht ganz. Ich sagte: ›Sind die Füße in Eile, ist auch das Herz in Eile‹. Eile und Schnelligkeit sind nämlich nicht dasselbe.« »Ganz egal!«, rief Pikki. »Ich wollte nur sagen, dass ich nun mal keine Schildkröte bin, sondern eine Maus. Und darum finde ich das auch vollkommen in Ordnung, wenn ich viel herumrenne!« Darauf erwiderte Kurma: »Liebe Pikki, du hast ja recht: Natürlich ist eine Maus keine Schildkröte. Dein

Rhythmus ist schneller als der meinige – doch ich fürchte, das ist nicht dein Problem. Wärst du in deinem eigenen Rhythmus, gäbe es keinen Grund für Klagen und Kopfschmerzen.« »Ach Meisterin – jetzt bin ich erst recht verwirrt. Soll ich nun versuchen, Langsamkeit zu entwickeln, oder nicht?« »Wenn du rennen willst, dann renne. Doch belaste deinen Geist nicht mit deinen schnellen Füßen. Bleibe auch im Schnellsein innerlich langsam und entspannt.«

Joggen ist sehr gesund, aber nur dann, wenn man entspannt läuft. Laufen kann Stress schnell abbauen. Untersuchungen haben jedoch gezeigt, dass sich bei Sportlern, die verbissen laufen, bei Weitem nicht die positiven Effekte auf das Immunsystem zeigten wie bei entspannten Joggern. Wenn Sie gerne laufen, ist das wunderbar – nicht nur für Ihre Gesundheit, sondern auch für den seelischen Ausgleich. Achten Sie jedoch darauf, ohne Ziel zu joggen, und laufen Sie nicht so, als würden Sie Ihrem verpassten Bus hinterherrennen.

Wenn Sie gerne sportlich aktiv sind, sollten Sie für die nötigen Ruhephasen sorgen. Ausruhen ist nämlich auch sehr gesund – doch auch hier ist wiederum wichtig, nicht einseitig zu werden. Gerade Couchpotatoes sollten daran denken, auch immer wieder einmal eine flotte Runde um den Block zu drehen.

Ganz gleich jedoch, ob es um Bewegung oder Entspannung geht – das Wichtigste ist, auf seine innere Stimme zu hören, denn sie sagt einem immer, was jewels am besten zum inneren Rhythmus passt.

Geheimnis II – Langsamkeit

Kurma spricht: »Will ich auf den Hügel klettern und die Aussicht genießen, so bleibe ich nicht unter dem Mangobaum liegen. Träume ich zufrieden unter dem Mangobaum, so klettere ich nicht auf den Hügel. Zu schlafen, wenn man müde ist, zu essen, wenn man hungrig ist und sich in den Schatten zu begeben, wenn es heiß wird – das nenne ich, der natürlichen Ordnung folgen.«

Aus Kurmas Übungen:
Finde deinen Rhythmus

Wie gut kennen Sie Ihren eigenen Rhythmus? Wahrscheinlich haben Sie bereits viele Erfahrungen mit Ihrem Biorhythmus gemacht. Trotzdem fällt es manchmal gar nicht so leicht, sich selbst richtig einzuschätzen. Der folgende Test hilft Ihnen dabei, sich darüber bewusst zu werden. Sie können dabei nichts falsch machen und eine Auswertung (oder gar Bewertung) gibt es auch nicht. Ihren eigenen Rhythmus zu erkennen hilft Ihnen dabei, zu entscheiden, wann es Zeit für Sie ist zu handeln und wann es besser ist, innezuhalten – ganz gleich, ob es dabei nur um den Tagesablauf oder um so große Dinge wie Persönlichkeitsentwicklung geht.

Denken Sie einfach kurz über die folgenden Fragen nach und beantworten Sie sie dann. Überlegen Sie anschließend, inwiefern Sie Ihrem Rhythmus im Alltag bereits folgen und wo es noch Verbesserungsbedarf gibt:

- Brauchen Sie morgens einen Wecker oder wachen Sie von selbst auf?
- Sind Sie schon am frühen Morgen fit und voller Tatendrang, oder brauchen Sie eine ganze Weile, um das Bett zu verlassen und in Schwung zu kommen?
- Fällt es Ihnen leicht, sich am späten Abend noch einen Film anzusehen oder nach Mitternacht noch auszugehen? Genießen Sie das Nachtleben? Oder fallen Ihnen die Augen schon zu, sobald es dunkel wird?
- Haben Sie eher einen schnellen oder langsamen Pulsschlag?
- Erledigen Sie Aufgaben gerne flott und zügig, oder lassen Sie sich lieber viel Zeit dabei?
- Zu welchen Tageszeiten fühlen Sie sich besonders wohl?
- Wann kommen Ihnen am ehesten kreative Einfälle – wann tauchen neue Ideen auf?
- Gehen Sie lieber vormittags oder abends zum Sport – oder am liebsten gar nicht?
- Welche Phasen im Tagesablauf finden Sie besonders mühsam?
- Wie gehen Sie mit Müdigkeit und Erschöpfung um? Werden Sie aktiv oder legen Sie sich lieber aufs Sofa?
- Wie kommen Sie mit Kälte klar, und wie mit Hitze?
- Welche Jahreszeit ist Ihnen am liebsten?
- Kommen Sie mit dem Tempo, das Ihnen von außen vorgegeben wird, im Großen und Ganzen klar, oder würden Sie gerne ganz anders leben – zum Beispiel ruhiger und langsamer?

Wer langsamer lebt, hat viele Vorteile. Mal ganz davon abgesehen, dass Gesundheit und Nerven geschont werden, führt ein etwas gemächlicheres Lebenstempo dazu,

- dass Sie sich besser konzentrieren können,
- dass Sie sorgfältiger und genauer arbeiten können,
- dass Sie sich entspannter fühlen und besser schlafen,
- dass Ihr Geist ruhig und klar wird.

Kurma spricht: »Wer mit Langsamkeit und Bedacht handelt, wird ruhig. Wer ruhig wird, wird heiter und gelassen. Heiterkeit und Gelassenheit aber sind wie Schlüssel, die das Tor zum Glück öffnen.«

Wir haben gesehen, dass Hektik und Eile nur Stress erzeugen und dass Stress für viele »moderne« Krankheiten verantwortlich ist. Ein Weg aus der Hektik-Falle besteht darin, sich ganz auf sein Tun einzulassen und seinen eigenen Rhythmus aufzuspüren.

Die Wiederentdeckung der Langsamkeit im Tun ermöglicht es uns, uns auf das, was wir tun, zu konzentrieren und ganz darin aufzugehen. Wer Wert auf Qualität legt, tut gut daran, ruhig und ohne Eile zu arbeiten. Vielleicht kennen Sie den Spruch, der in vielen Büros hängt; er lautet: »Wir lassen uns nicht hetzen! Wir sind bei der Arbeit, nicht auf der Flucht!«

Stress bei der Arbeit führt nicht nur zu schlechter Laune, sondern auch zu unbefriedigenden Resultaten. Glücklicherweise entdecken inzwischen immer mehr Firmen, dass eigentlich nicht die reine Arbeitszeit, sondern vielmehr die Arbeitsintensität zählt. Dies ist auch der Grund dafür, warum sich allmählich eine neue Generation von Angestellten, Unternehmern und Freiberuflern heranbildet, die vermehrt auf Effektivität achtet – die sogenannten »Slower but better working people« oder kurz »Slobbies«.

Wenn es um so bedeutsame Dinge wie unsere eigene Lebenszeit geht, sollten die Prioritäten stimmen. So ist es wichtig, sich bewusst zu machen, dass wir arbeiten, um zu leben – und nicht umgekehrt unser ganzes Leben in den Dienst der Arbeit stellen, denn das hieße Ross und Reiter vertauschen.

Auch in Zeiten, in denen die Devise »Geiz ist geil!« oder »Hauptsache billig!« heißt, gilt doch immer noch, dass gut Ding nun mal Weile haben will. Wer Billiges erzeugen muss, muss das vor allem schnell tun. Was dann dabei herauskommt, sieht man auf einen Blick, wenn man Massenware vom Fließband mit Handwerksstücken aus Meisterhand vergleicht. Wer sich daher vor allem um die Qualität seines Tuns kümmert, statt auf die Quantität zu schielen, ist auf jeden Fall auf der besseren Seite.

Erst recht gilt das für alle, die kreativ tätig sind. Ob es darum geht, einen Roman, eine Sinfonie oder ein kulinarisches 5-Gänge-Menü zu »erschaffen«: Damit Kreativität sich entfalten kann, braucht es

Zeit. Im Gegensatz zu einer Wellblechhütte stellt man eine gotische Kathedrale ja schließlich auch nicht mal eben schnell hin. Wer schöpferisch sein will, sollte darauf achten, dem hektischen Alltag den Rücken zuzukehren.

Die Frage ist allerdings, ob wir überhaupt so grundsätzlich zwischen »Alltag« und »kreativen Pausen« unterscheiden sollten. Oder zwischen »Arbeit« und »Freizeit«. Natürlich versucht jeder von uns, Arbeit, Freizeit und Familie unter einen Hut zu bringen. Dabei wird das Berufliche oft vom Persönlichen getrennt – ganz so, als ob unsere Arbeit nicht auch unsere Person beträfe.

Zeitmanagement und Work-Life-Balance mögen hilfreich sein, aber was wäre, wenn wir die Trennung zwischen »Work« und »Life« gar nicht erst vollziehen würden? Zen-Mönche wissen, dass das stille Sitzen nur der eine Teil, das bewusste Handeln im Alltag jedoch der andere (und ebenso wichtige) Teil ihres Weges ist. Ob wir also im Büro sitzen und Briefmarken zählen, ein Hemd bügeln, eine SMS eintippen oder uns im Restaurant ein Stück von unserer Pizza abschneiden – jede noch so unbedeutende Tätigkeit bietet die Möglichkeit, einen Gang zurückzuschalten und »zu sich zu kommen«.

Entschleunigung – so lautet das Zauberwort, das uns aus dem Hamsterrad befreien und ins wahre Leben zurückholen kann. Fließen ist besser als hetzen, genießen besser als konsumieren!

Geheimnis II – Langsamkeit

»Die nur ganz langsam gehen, aber immer den rechen Weg verfolgen, können viel weiter kommen als die, welche laufen und auf Abwege geraten«, schrieb schon Descartes. Und einer der Abwege, auf die man heute leicht geraten kann, heißt *Multitasking*. Das Wort stammt aus der Computerwelt und bezeichnet die Fähigkeit, mehrere Arbeitsabläufe zu gleicher Zeit zu erledigen. Was aber schon beim Computer nur scheinbar funktioniert (der Eindruck von »Gleichzeitigkeit« entsteht nur, da der Prozessor in irrwitzigem Tempo zwischen seinen Aufgaben hin und her springt), funktioniert beim Menschen erst recht nicht. Für jede Wahrnehmung brauchen wir nämlich genug Zeit, damit die Nervenreize, die das Gehirn empfängt, auch verarbeitet werden und ins Bewusstsein dringen können.

Kurma spricht: »Alles auf einmal tun wollen und dabei doch nichts vollenden, das ist der Brauch derjenigen, die in der Zeit gefangen sind. Das Nichttun im Tun entdecken und dabei alles vollenden, das ist der Brauch derjenigen, die die Ewigkeit besitzen, da sie sich selbst losgelassen haben.«

Wer alles schnell und am besten gleich auf einmal tun will, sollte sich nicht wundern, falls er sein Leben irgendwann als oberflächlich empfindet. Natürlich können wir im Prinzip mehrere Dinge gleichzeitig tun. Beispielsweise können wir

- die Zeitung lesen, während wir unser Frühstücksei verspeisen und dabei noch »zuhören«, was unser Partner uns gerade erzählt;
- Auto fahren, während wir eine Zigarette rauchen und mit dem Handy telefonieren;
- unsere E-Mails checken, während wir uns die Zähne putzen und Radio hören.

Das Problem ist nur: Wer vieles zur gleichen Zeit tut, kann das natürlich immer nur oberflächlich tun. Ob man durch Multitasking wirklich schneller auf der Zielgeraden ist, ist fraglich (erst recht, was einen an diesem Ziel dann überhaupt erwartet …). Sicher ist aber, dass unser Geist verwirrt und zerstreut wird, wenn unsere Aufmerksamkeit sich ständig gleichzeitig auf all die vielen bunten Glasperlen dieser Welt richten muss. Bestenfalls fühlen wir uns dann bald gehetzt, schlimmstenfalls bekommen wir einen Herzinfarkt.

Yuna, die Eule, hatte einige Gäste eingeladen, einen sonnigen Nachmittag mit ihr auf der großen grünen Lichtung zu verbringen. Für Leckereien war gesorgt, ebenso für unterhaltsame Spiele und sogar für etwas Musik. Pikki hatte Kurma abgeholt und so waren beide auf dem Weg zu Yuna. Wie so oft rannte Pikki immer ein ganzes Stück voraus, bemerkte dann irgendwann, dass Kurma nicht folgen konnte (oder wollte), drehte sich um und lief wieder zurück. Nachdem die beiden wieder eine Weile nebeneinander gegangen waren, preschte Pikki wieder nach vorn, kam schließlich zurück – und so ging es während der ganzen Strecke. Schließlich sagte Pikki sichtlich nervös: »Kurma, siehst du nicht, wie schnell ich hin und her laufe – hast du da kein schlechtes Gewissen, so langsam zu gehen?« Kurma antwortete: »Ach liebe Pikki – es mag schon sein, dass ich langsam gehe, aber dafür gehe ich immer nur nach vorne und nie rückwärts. Wer aber immer vorwärtsgeht – und sei es noch so langsam – wird doch sein Ziel erreichen.«

Konzentration auf seinen Weg, oder besser gesagt auf jeden einzelnen Schritt seines Weges, schult den Geist und kann enorme Energien entfachen. Nur die Kraft der Konzentration ermöglicht es Menschen, Formel-I-Rennen zu gewinnen, Violinvirtuosen zu werden, den Nobelpreis für Physik zu gewinnen oder auch nur ein volles Glas Wasser durchs Zimmer zu tragen, ohne dass die Hälfte auf dem Boden landet.

Langsamkeit ist die Voraussetzung für Konzentration. Wer zum Beispiel ein Instrument oder Tangotanzen lernt, muss sich die Tonleitern oder Tanzschritte erst einmal sehr langsam anschauen, um sie schließlich zu verinnerlichen. Die Verlangsamung von Bewegungen können Sie jedoch auch bei ganz gewöhnlichen Handlungen praktizieren – bei Tätigkeiten, die Ihnen längst in Fleisch und Blut übergegangen sind. Auf diese Weise entschleunigen Sie Ihren Alltag und bringen Ihre innere Stoppuhr zum Stillstand. Und das ist noch weitaus wichtiger.

Geheimnis II – Langsamkeit

Aus Kurmas Übungen:
Langsam, langsam!

Die folgenden drei Übungen helfen dabei, das Tempo aus dem Alltag herauszunehmen und zugleich die Achtsamkeit zu entwickeln. Sie besteht aus drei Schritten, die Sie unabhängig voneinander fast jederzeit und überall ausführen können:

1. Suchen Sie ein paar Dinge aus, die Sie heute tun werden. Nehmen Sie sich vor, diese Dinge sehr, sehr langsam zu tun. Dabei ist es nicht nur wichtig, äußerlich auf Zeitlupe umzustellen. Sie sollten sich auch innerlich jede Menge Zeit lassen. Verlangsamen Sie Ihre Bewegungen beispielsweise, während Sie

- die Kaffeemaschine bedienen,
- ein Fenster putzen,
- Gemüse schneiden,
- durch den Supermarkt gehen.

2. *Kin-Hin* ist eine Form meditativen Gehens, die aus dem Zen stammt und traditionell mit bestimmten Handstellungen ausgeführt wird. Für die einfache, westliche Variante konzentrieren Sie sich jedoch nur auf die Grundprinzipien: Gehen Sie sehr, sehr langsam, machen Sie winzig kleine Schritte – eine halbe Fußlänge pro Schritt genügt. Kombinieren Sie das Gehen außerdem mit Ihrem Atem: Einatmend machen Sie einen Schritt, beim Ausatmen den

nächsten usw. Spüren Sie, wie Ihre Füße den Boden beim Abrollen mit der ganzen Sohle berühren. Bleiben Sie bewusst bei jedem einzelnen Schritt.

3. Die dritte Entschleunigungsübung heißt »Stopp! Und jetzt noch einmal in Zeitlupe!«. So wie ein Regisseur, der sich eine Filmsequenz noch einmal ganz genau ansehen möchte, können auch Sie nachträglich die Zeitlupe einschalten, um sich einiger Ihrer Stress-Muster bewusst zu werden. Wann immer Ihnen auffällt, dass Sie wieder einmal etwas rasend schnell und in Eile gemacht haben, sollten Sie »einen Umweg machen«: Wiederholen Sie die gleiche Tätigkeit nochmals extrem langsam. Haben Sie beispielsweise das Garagentor aufgerissen und das Fahrrad hektisch aus der Garage gezerrt, so sagen Sie sich innerlich »Stopp! Und jetzt noch einmal in Zeitlupe!«. Dann öffnen Sie das Tor diesmal langsam und ruhig und rollen das Rad, ohne sich blaue Flecken zu holen, entspannt aus der Garage.

Fehler im Zeitmanagement gehören zu den häufigsten Auslösern für Hektik und Stress. Viele Menschen verbringen ihr halbes Leben damit, ihre To-do-Listen abzuarbeiten. Typischerweise stehen die am meisten drängenden Probleme dabei meist ganz oben (so schlau sind wir ja noch), werden dann aber trotzdem zuletzt ausgeführt (weil das, was drängt, meist am wenigsten Spaß macht).

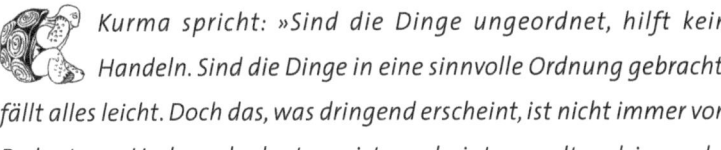 *Kurma spricht: »Sind die Dinge ungeordnet, hilft kein Handeln. Sind die Dinge in eine sinnvolle Ordnung gebracht, fällt alles leicht. Doch das, was dringend erscheint, ist nicht immer von Bedeutung. Und was bedeutsam ist, erscheint nur selten dringend.«*

Eine der wichtigsten Fähigkeiten, die dabei hilft, wertvolle Lebenszeit sinnvoll zu nutzen, besteht darin, zwischen »dringend« und »wesentlich« unterscheiden zu können. Wenn das Telefon klingelt, drängt es einen geradezu dranzugehen. Dringend ist es zum Beispiel auch, noch schnell einkaufen zu gehen, bevor die Geschäfte zumachen. Dringliche, unmittelbar anfallende Angelegenheiten haben aber nur selten mit unseren Visionen oder Werten zu tun.

Wesentlich wäre es beispielsweise, sich gut um seinen Körper zu kümmern und für genug Bewegung und Entspannung zu sorgen. Auch meditieren, sich kreativ betätigen oder Zeit für den Partner oder die Kinder finden, um die Verbindung zu ihnen zu intensivieren, gehören in die Rubrik »wesentlich«.

Wer eine To-do-Liste aufstellt, sollte also nicht nur an kurzfristige Erledigungen und Besorgungen denken, sondern auch daran, Zeit für die eigene Entwicklung einzuplanen. Fragen, die dabei weiterhelfen, sind:

- »Was ist mir wirklich wichtig?«
- »Was möchte ich in fünf Jahren für ein Mensch sein – welche Charaktereigenschaften will ich pflegen; von welchen negativen Gewohnheiten will ich mich befreien?«

- »Denke ich nur an die goldenen Eier oder auch an die Gans, die sie legt? Achte ich auf meine Gesundheit und Ausgeglichenheit? Nähere ich mich meinen Herzenszielen?«

Meistens geraten wir vor allem dann in Eile, wenn wir es mit dringenden, akuten Problemen zu tun haben. Ohne dass uns das bewusst wäre, geraten wir dann in ein Rekord-Denken: Wir treten im Wettlauf gegen die verrinnende Zeit, gegen uns selbst oder gegen die schrecklich vielen Dinge an, die noch zu erledigen sind.

Wenn Ihnen daran liegt, langsamer, bewusster, ruhiger und gelassener zu leben, müssen Sie diese Werte natürlich auch pflegen. Das können Sie tun, indem Sie entsprechende Bücher lesen, unwichtige Menschen und Tätigkeiten aus Ihrem Leben fernhalten oder einmal gezielt das Tempo drosseln, wenn Ihnen alles zu viel (und zu schnell) wird.

Eine gute Möglichkeit dazu besteht darin, eine »To-do-Liste« in eine »10-Minuten-mehr-Liste« zu verwandeln. Wie bei anderen To-do-Listen sollten Sie dabei natürlich zunächst das Unangenehmste notieren, etwas, das unbedingt erledigt werden muss, obwohl Sie eigentlich keine Lust dazu haben. Tun Sie das Unangenehme trotzdem möglichst sofort und konzentriert. Lassen Sie weder innere noch äußere Ablenkungen zu.

Notieren Sie dann weitere Punkte auf Ihrer Aufgabenliste, und zwar in der Reihenfolge, in der Sie sie erledigen möchten. Daneben schreiben Sie die Zeit auf, die Sie dafür normalerweise ungefähr brauchen. Hier ein Beispiel:

Geheimnis II – Langsamkeit

1. Abspülen und die Küche aufräumen (ca. 15 Minuten)
2. Zum Supermarkt gehen und einkaufen (ca. 30 Minuten)
3. Sabine anrufen (ca. 3 Minuten)
4. Yoga machen und duschen (30 Minuten)

Als Nächstes wenden Sie den »plus-10-Trick« an, indem Sie sich für jede Tätigkeit jeweils rund 10 Minuten mehr Zeit einplanen (für die Küche also 25 statt 15 Minuten usw.).

Der »plus-10-Trick« hilft Ihnen dabei, Ihren Tagesablauf im Großen und Ganzen weiterhin wie gewohnt durchzuführen, doch indem Sie sich bei allem etwas mehr Zeit lassen (manchmal reichen auch schon 5 statt 10 Minuten), verlangsamen Sie das Tempo insgesamt deutlich. Die Folge ist, dass Sie immer weniger Zeit damit verbringen werden, »Ihr Pensum durchzuziehen« und immer mehr Möglichkeiten finden, bei sich selbst anzukommen.

Dabei werden Sie eine interessante Entdeckung machen; wahrscheinlich werden Sie nämlich feststellen, dass selbst unangenehme Routinearbeiten plötzlich einen ganz besonderen Reiz bekommen können: Während Sie in aller Ruhe die Teller abspülen, Ihre Hände ins warme Wasser tauchen, das Geschirr vorsichtig abtrocknen und wieder einräumen, können Sie sich selbst intensiver spüren und erleben. Nicht umsonst sagt man im Zen: »Die Küche aufräumen heißt, den Geist aufräumen.«

Vielleicht fragen Sie sich jetzt, wo Sie die Zeit herholen sollen, wenn Sie von Rennmaus- auf Schildkrötentempo umschalten. Der Tag hat natürlich nicht mehr Stunden. Macht aber nichts, denn es gibt zahlreiche Möglichkeiten, die Zeit »umzuschichten«: vom Unwesentlichen zum Wesentlichen, vom bloßen Zeitvertreib zum Zeitgewinn. Beispielsweise können Sie auf unnütze Telefonate oder anstrengende Treffs verzichten. Oder auf unbefriedigende Fernsehsendungen, Zeitschriftenartikel und überflüssige Surf-Stunden im Internet.

 Kurma spricht: »Entdecke, wer du sein willst – und du hast alle Zeit der Welt.«

In diesem Abschnitt sind wir der Wiederentdeckung der Langsamkeit nachgegangen. Es geht um unser Leben, und wir tun gut daran zu erkennen, was wesentlich dafür ist – und das ist selten dasselbe wie das, was dringlich ist. Damit sich unsere Kreativität entfalten kann, müssen wir uns Zeit geben. Dann erkennen wir auch, dass es vielleicht gar nicht nötig ist, Leben und Arbeit voneinander zu trennen. Das Zauberwort heißt: Entschleunigung.

 Als sie neben Kurma auf der großen grünen Lichtung lag, um gemeinsam mit anderen Schülern Kurmas einen schönen Nachmittag zu verbringen, fragte Pikki die Meisterin: »Kurma, verrate mir doch: Wie gelingt es dir, immer Ruhe zu bewahren? Solange ich denken kann, habe ich dich noch nie in Hetze gesehen –

was nur ist dein Geheimnis?« Kurma antwortete: »Kein Geheimnis, nichts Verborgenes. Wenn ich aufwache, gehe ich gemächlich zum Fluss, doch bevor ich ins Wasser tauche, schaue ich noch eine Weile die Wellen an. Im Wasser schwimme ich nicht gegen den Strom, sondern schließe die Augen und lasse mich treiben. Wenn mir kalt wird, gehe ich an Land, lege mich kurz in die Sonne und spüre die Wärme, die meine Glieder durchströmt. Gehe ich am Strand spazieren, so spüre ich meine Füße und meinen Schwanz im warmen Sand. Wie sollte ich da wohl in Hetze geraten?«

Weniger denken und dafür mehr spüren – das ist vielleicht die effektivste, mit Sicherheit aber die schönste Art und Weise, die Kunst der Langsamkeit zu erlernen. Wer immerzu in seinem Kopf feststeckt, wird leicht nervös. Wer sich hingegen auf seinen Körper und seine Sinne konzentriert, findet ganz von selbst zur Ruhe.

Beispielsweise können wir beim Kaffeetrinken zwischen der alten wienerischen und der modernen amerikanischen Variante wählen. In den Wiener Kaffeehäusern – die ersten entstanden bereits vor über 300 Jahren – trafen sich Dichter, Denker und (Lebens-)Künstler, um sich auszutauschen und über Themen der Zeit zu diskutieren. Noch heute kann man in Wien problemlos stundenlang im Plüschsofa vor seiner Melange sitzen – nach einem Ober, der deswegen ungeduldig würde, wird man wohl vergebens suchen. Ein großes Sortiment an Zeitungen und Zeitschriften soll dem Gast einen angenehmen Aufenthalt ermöglichen. Zeit spielt dabei keine Rolle, denn schließlich wurden in den Wiener Kaffeehäusern früher

sogar ganze Romane verfasst oder neue Ideen für philosophische Theorien, Kompositionen oder Gemälde gesammelt – was natürlich dauern konnte.

Ob Franz Kafka, Stefan Zweig, Alban Berg oder Gustav Klimt – auf die Idee, seinen Kaffee im Gehen in sich hineinzukippen, wäre wohl keiner der damaligen Kaffeehaus-Besucher gekommen. Heute sind Coffee-to-go-Pappbecher indes fester Bestandteil jeder Großstadt. Menschen stehen oder gehen auf der Straße und trinken kaffeeähnliche Getränke aus dem Wegwerfbecher, während sie mit der anderen Hand dicke Einkaufstüten schleppen oder in ihre Handys rufen. Die »Keine-Zeit«-Krankheit hat dazu geführt, dass selbst Tätigkeiten, die sehr lange als traditionelle Pausenzeiten galten, heute schnell und quasi nebenbei »erledigt« werden.

Fast Food, das »schnelle Essen«, ist folglich hochmodern. In Deutschland greift inzwischen über ein Drittel aller Menschen, die außer Haus essen, zu Burgern, Pommes oder Pizza auf dem Pappteller. Wir essen im Gehen, im Stehen, vor dem Fernseher, im Auto oder am Imbiss-Stand. Und natürlich essen wir dabei selten Salat, sondern Nahrung, die man sich schnell in den Mund stecken und ohne langes Kauen hinunterschlucken kann – ganz gleich, ob Schokoriegel, Chips, Gebäck oder Hamburger.

Ein sichtbarer Nachteil dieser Ernährungsweise ist Übergewicht. In den USA, der Hochburg der Burger-Ketten, sind bereits rund 60% der Bevölkerung stark übergewichtig, darunter immer mehr Kinder und Jugendliche. Gerade beim Essen sollte man aber an die

Redewendung »Eile mit Weile« denken. Wenn wir regelmäßig zu schnell und hastig essen, hat das nämlich fatale Folgen:

- Wir bemerken gar nicht mehr, *was* wir eigentlich essen.
- Wir neigen dazu, viel zu viel zu essen.
- Wenn wir schon unser Essen nicht genießen, werden wir mit der Zeit auch viele andere angenehme Seiten des Lebens immer weniger genießen können.
- Wir verpassen die Chance, Essen als Kommunikation, als gemütliches Beisammensein mit der Familie, mit Freunden oder Kollegen zu nutzen.

Aus Kurmas Übungen:
Die Wiederentdeckung des guten Geschmacks

Wenn Sie Ihr Essen gerne wieder intensiver genießen möchten, sind Sie mit diesem Wunsch nicht allein. Ein großer Verein hat sich dem Kampf gegen den Untergang der Esskultur verschrieben: Die »Slow-Food-Bewegung«, die (wie könnte es anders sein) aus Italien stammt, tritt für das Recht auf Genuss ein. Eine gute Versorgung mit frischen Lebensmitteln aus der Region und die leckere Zubereitung der Speisen helfen dabei, seinen Geschmackssinn wiederzuentdecken. Natürlich brauchen Sie keinen Verein, um Lust an provenzalischen Kräutern, Weißweinsoßen, Kürbiskernöl, Kokosmilch, Zitronengras oder frisch gemahlenem weißem Pfeffer zu entwickeln. Ein gutes Kochbuch oder Restaurant genügt. Vor allem aber brauchen Sie genug Zeit zum Schmecken und Riechen – und am besten noch einen guten Freund, Ihren Partner oder eine nette Kollegin, mit der Sie gemeinsam genießen und die Zeit vergessen können …

Kurma spricht: »Hast du die Wahl zwischen einer Truhe voller Gold und deiner Zeit, so wähle die Zeit. Hast du die Wahl zwischen einem Palast und einem kostbaren, unvergesslichen Augenblick, so wähle diesen Augenblick. Kein Gut ist wertvoller als die Zeit, kein Luxus kann je größer sein.«

Unsere Zeit ist sehr begrenzt. Zwar heißt es »Zeit ist Geld« – doch im Gegensatz zu Geld lässt sich Zeit nicht leicht dazuverdienen. Der Tag hat 24 Stunden – mehr werden es nicht, ganz egal was wir machen. Auch wissen wir nicht, wie viele Jahre uns noch bleiben. Anlass zur Zeitverschwendung gibt es jedenfalls nicht, denn wie schnell und unverhofft das Leben enden kann, das wissen wir alle nur zu gut.

Die Kürze unseres Lebens ist kein Grund, schneller zu leben, sondern eher langsamer. Durch Hektik und Zeitdruck wird die Zeit nämlich nicht länger, sondern kürzer. Auf der anderen Seite lassen innere Ruhe und ein waches Bewusstsein uns wieder zu Herren über unsere Zeit werden.

Das Gefühl, dass uns die Zeit davonläuft oder dass wir selbst nicht mehr über unsere Zeit bestimmten können, da andere das tun, führt zu großer seelischer Belastung. In London wurden Fragebögen an 10.000 Beamte verteilt. Die Untersuchung zeigte, dass Angestellte umso früher sterben, je weiter unten sie in der Hackordnung stehen. Die Blutwerte waren bei den »Untergebenen« viel schlechter als bei den Führungskräften, und auch die üblichen Stress-Symptome traten gehäuft auf.

Interessant ist, dass der schlechtere Gesundheitszustand nicht mit einer höheren Arbeitszeit zusammenhing – im Gegenteil: In den Chefetagen wurde deutlich länger gearbeitet, doch krank hat das dort niemanden gemacht. Die eigentliche Ursache für Unzufriedenheit und Unglück lag im Kontrollverlust begründet – in der Tatsache, nicht mehr Herr über die eigene Zeit zu sein.

Ob wir unsere Lebenszeit gestalten können, liegt weniger an den äußeren Umständen als vielmehr an unserer inneren Einstellung. Jede noch so kleine Entscheidung hängt damit zusammen: Entscheide ich mich für die Familie oder für den Job? Entscheide ich mich für Risiko oder Sicherheit? Für Fernsehen oder Fitness-Studio? Für Leistungssport oder Meditation? Entscheide ich mich dafür, abends Überstunden zu machen oder ein Brahms-Konzert zu besuchen? Und nicht zuletzt: Entscheide ich mich für Ruhe oder Eile?

Aus Kurmas Übungen:
Die Kürze des Lebens wohl bedenken

Es wäre wunderbar, wenn wir alle ohne Stress, Eile oder das Gefühl, ständig etwas zu verpassen oder etwas erreichen zu müssen, leben könnten. Stattdessen lieber langsam und gemächlich – wie Kurma, die Schildkröte. Eine einfache Möglichkeit, dem näher zu kommen, besteht darin, das Leben als kostbares Geschenk zu begreifen. Dabei ist es allerdings auch wichtig, sich die Frage zu stellen, was das Leben denn eigentlich so kostbar macht! Um das herauszufinden, können Sie kurz die Augen schließen und sich vorstellen, Sie wären bereits am Ende Ihrer Zeit angelangt – sei es durch Krankheit, einen Unfall oder durch Alter (keine Sorge, es ist ja nur eine Übung …).

Woran werden Sie denken, wenn Ihre letzten Tage oder Stunden geschlagen haben? Worüber werden Sie besonders glücklich sein?

- Darüber, dass Sie Ihre Steuererklärungen immer pünktlich abgegeben haben?
- Darüber, dass Ihr Auto schneller als 180 fahren konnte, oder nur sechs Liter Benzin auf 100 Kilometer gebraucht hat?
- Über Ihren ersten DSL-Anschluss und eine reibungslose Internet-Verbindung?
- Über Termine, Konferenzen oder die Entwicklung der Börsenkurse?
- Über gute Friseure, neue Diäten oder die Bräune aus der Sonnenbank?

Oder werden Sie sich lieber an andere Dinge erinnern? Beispielsweise

- an die Zeiten, in denen Sie gelacht, getanzt und geliebt haben?
- an ein Gedicht, ein Gemälde oder eine Frühlingswiese?
- an die Zeit, die Sie sich genommen haben, um ein Kind im Arm zu halten und es zu trösten?
- an Gewitterwolken in einer Sommernacht oder nasses Gras unter Ihren Füßen?
- an Menschen, die Sie wirklich von Herzen geliebt haben, und an die Augenblicke, die Sie mit ihnen teilen konnten?
- an einen Kuss?

Wir sind die Meister unserer Zeit. Wir haben es in der Hand, jede Sekunde zu genießen und auszukosten – oder aber unsere kostbare Zeit zu vergeuden und totzuschlagen. Zeit lässt sich zwar nicht in Geld ausdrücken, doch was wäre, wenn jede Minute unseres Lebens einen Euro wert wäre? Wären wir wirklich bereit, damit für stumpfsinnige Fernsehserien, für langweilige Treffen mit uninteressanten Menschen, für überflüssiges Gerede und unbefriedigende, vergängliche Vergnügungen zu bezahlen? Oder würden wir dafür eher Freude, wahren Genuss, inneren Frieden, die Gemeinschaft mit guten Freunden und unseren Liebsten oder andere wertvolle Erfahrungen eintauschen?

Wir denken, die Antwort fällt nicht schwer ...

KURMAS LOB DER LANGSAMKEIT

Der langsame Weg führt zum Ursprung zurück.
Ohne Zeit – kein Spüren,
Ohne Zeit – kein Leben.
Der schnelle Weg bringt selten Glück.
Wohin du auch reist –
auf schnellen Beinen
mit hastigem Geist
verlierst du doch nur dich selbst.

KURMAS GEHEIMNISSE

Gelassenheit. Nimm die Dinge nicht zu wichtig – vor allem aber nicht dich selbst!

Langsamkeit. Mit Eile lässt sich das Glück nicht einfangen. Willst du dein Ziel erreichen – mach einen Umweg!

3 BESTÄNDIGKEIT

Das Geheimnis, niemals aufzugeben und sein Ziel nicht aus den Augen zu lassen

DER DRITTE WETTLAUF. *Shashaka, der Hase, dachte immer wieder über die beiden Wettrennen mit der Schildkröte nach. Ihm wurde ganz heiß und kalt, als er sich vorstellte, wie sich die anderen Tiere wohl nun über ihn lustig machen würden. Es dauerte eine Weile, bis er es wagte, einen neuen Wettlauf zu fordern. Schließlich jedoch überwand er seinen Stolz und suchte die Meisterin auf. »Zweimal, Kurma, habt Ihr das Rennen gewonnen; einmal habe ich verschlafen und dann hat mich ein Unwetter überrascht. Das wird mir nicht wieder geschehen! Wagt Ihr es noch einmal?« Kurma lächelte mild und nickte. Doch Shashaka war vorsichtig geworden. »Aber nicht wieder den Pfad zu den Sonnenblumen – der bringt mir kein Glück. Lasst uns zur alten verlassenen Bärenhöhle laufen.« Kurma war einverstanden.*

Kurz vor Sonnenaufgang erschien der Hase bei der Meisterin. »Kein Sturm in Sicht – und ich bin gut ausgeschlafen! Welche Weisheit habt Ihr diesmal für mich?« Kurma verbeugte sich und antwortete, ganz so als hätte sie den Spott nicht bemerkt: »Verfolge dein Ziel beständig.« »Oh, das werde ich!«, rief Shashaka und rannte los, als die ersten Sonnenstrahlen die Erde berührten. Als er eine Weile gelaufen war, wusste er, dass er diesmal gewinnen würde. Es war ein herrlicher Tag. Er schritt etwas langsamer aus. Aus dem kleinen Wäldchen neben dem Weg erklang Gesang und Lachen. Shashaka fühlte sich gewaltig angezogen: »Ein Hasenfest! Ein kurzer Blick kann nicht schaden – ich habe genug Vorsprung …« Was für ein Fest! Es gab große Portionen saftiger, schmackhafter Kräuter, er traf alte Freunde – und die lieblichen Hasenmädchen! Erst als die Abendsonne sich in den Augen seiner Gespielin spiegelte, erkannte er, dass er den Wettlauf abermals verloren hatte.

So gewann Kurma, die Schönheit des Tages genießend, ohne ihr Ziel aus den Augen zu verlieren, auch den dritten Wettlauf.

Beständigkeit bedeutet, sich selbst treu zu bleiben. Es bedeutet, zu beenden, was man beginnt. Und es bedeutet, zuverlässig und vertrauenswürdig zu sein. Das alles klingt ziemlich gut. Selbst – oder gerade – Menschen, die recht unorganisiert sind, wissen Zuverlässigkeit, Vertrauenswürdigkeit und Beständigkeit (zumindest an anderen) zu schätzen. Und sie würden von sich selbst sagen, dass sie immerhin in ihrem persönlichen Chaos stets sich selbst treu bleiben. Doch insgeheim vermissen sie ein wenig Beständigkeit und wünschten, sie könnten ihre Ziele besser im Auge behalten.

Es gibt Zeiten im Leben, da fühlt es sich einfach gut an, spontan zu sein. Warum über das Morgen nachdenken? Warum überhaupt einen Plan verfolgen? Wieso nicht einfach das tun, was einem *im Augenblick* als das Beste, Sinnvollste, Angenehmste erscheint?

Ja, warum eigentlich nicht? Vielleicht werden wir ja feststellen, dass Beständigkeit Spontaneität nicht ausschließt ...

Manduki, der Frosch, war sehr unzuverlässig. Egal, was er begann – sicher war nur, dass er es nicht zu Ende brachte. Einmal wollte er den Weiher, in dem er lebte, verschönern und begeisterte viele Freunde für diese Arbeit. Doch kaum hatte die Arbeit begonnen, verlor er die Lust und dachte, dass es viel besser sei, seine Begabung als Sprungkünstler zu kultivieren. Aber kaum hatte er einen Tag lang trainiert, wurde ihm das schon wieder zu mühselig, und so verfiel er wieder auf einen anderen Gedanken. Diesmal sollte ihn sein neuer Einfall allerdings tatsächlich weiterführen: Denn er kam auf die Idee, die berühmte Schildkröte Kurma zu besuchen und von ihr Weisheit zu lernen. Er wollte der größte Weise unter allen Fröschen werden. Als er sein Anliegen Kurma vortrug, lachte sie, dass ihr die Tränen aus den Augen liefen. »Mein Lieber, du kannst einen Weg doch nicht haben. Du musst ihn gehen!«

Es spricht nichts dagegen, ein Ziel aufzugeben, wenn wir erkennen, dass es unerreichbar ist, wenn wir merken, dass es gar nicht das Ziel ist, das wir wirklich anstreben, wenn wir sehen, dass andere Ziele viel wertvoller sind. Die Schwierigkeit liegt eben nur darin, sich darüber wirklich klar zu sein.

Nehmen wir einmal an, Sie haben den Herzenswunsch, Klavier spielen zu können. Zunächst macht es noch Spaß, einfache Übungen auf den Tasten zu machen. Doch schon bald werden die monotonen Fingerübungen langweilig, das Ziel, einmal wirklich Klavier spielen zu können, wie Sie es sich vorgestellt haben, rückt in unabsehbare Ferne und wird damit winzig klein. So klein, dass sich die Frage stellt, ob es überhaupt ein interessantes Ziel ist – vielleicht wäre es doch viel schöner, gut zeichnen zu können. Und die Gedanken sind schon weit fort von den langweiligen Klavierübungen und befassen sich bereits mit den Freuden des Zeichnens. Es wird Zeit, sich für den nächsten Zeichenkurs einzuschreiben …

Kennen Sie diese oder ähnliche Situationen? Den meisten Menschen geht es so. Vielleicht ist das wirkliche Ziel, das hinter solchen Ausweichmanövern steht, der Wunsch nach Abwechslung, nach Neuem, nach dem Unbekannten. In der Tat ist die Suche nach Abwechslung in unserem Gehirn angelegt. Kurzfristige Motivationen sind immer am stärksten – und sie lassen regelmäßig sehr schnell nach.

Wenn wir jedoch unsere Ziele ständig wechseln, bevor wir sie erreichen, werden wir keines erreichen. Oder aber wir erreichen nur Ziele, die fast schon vor unseren Augen liegen. Klavier spielen lernen wir auf diese Art und Weise nie. Dazu brauchen wir Beständigkeit.

Bedeutet das, dass wir uns eben »zusammenreißen«, »hart zu uns sein«, »den inneren Schweinehund besiegen« müssen? Vielleicht sollten wir erst einmal unsere Ziele genau ansehen, bevor wir uns auf den Weg machen. Und dann wäre es am besten, wenn es uns gelänge, den Weg selbst zu unserem Ziel zu machen.

Manduki wollte von Kurma wissen, wozu denn Beständigkeit überhaupt gut sei. »Ich habe gehört, Ihr lehrt, dass man sich nicht an die Dinge klammern soll. So halte ich es doch! Hauptsache ist, dass ich überhaupt etwas beginne. Aber wenn ich sehe, dass es mir keinen Spaß macht, tue ich eben etwas anderes. Ist das falsch?« »Nein, nein, mein Lieber«, antwortete Kurma. »Ich fürchte nur, dass dir eine Menge Spaß entgeht!«

Wer schnell aufgibt, kommt nur ein kleines Stück weit voran und verliert durch sein voreiliges Resignieren oft viel mehr, als er sich vorstellen kann.

Sehr oft liegt die Schwierigkeit vor allem darin, wie wir unsere Ziele sehen: als Punkt oder als Strecke. »Klavier spielen können« ist ein Ziel in ferner Zukunft. »Klavier spielen lernen« ist dagegen ein Ziel, das Sie täglich neu erreichen und das Sie, wenn es wirklich Ihr Herzensziel ist, auch in jedem Moment des Lernens mit Freude und Befriedigung erfüllt.

Es gibt Ziele, die nichts mehr als nur ein schöner Augenblick in unserer Vorstellung sind – und es gibt Herzensziele, die uns wirkliche Erfüllung bringen.

Aber wie erkennen wir unsere Herzensziele?

In der Regel sind es nicht die Dinge, die Ihnen als Erstes einfallen. Ein neues Haus, ein neues Auto, mehr Geld … Herzensziele sind nur selten materieller Natur. Horchen Sie in sich hinein. Und wenn Sie etwas gefunden haben, von dem Sie glauben, es könnte ein Ziel sein, das sich für Sie wirklich lohnt, gehen Sie einmal die folgende kleine Übung durch …

Aus Kurmas Übungen:
Herzensziele entdecken

Machen Sie sich ein Bild von einem Ziel, von dem Sie glauben, dass es eines Tages Ihr Herzensziel sein könnte. Versetzen Sie sich ganz in die Situation hinein, in der Sie am Ziel angelangt sind. Und dann beantworten Sie folgende Fragen:

Freuen Sie sich zwar ein wenig, das Ziel erreicht zu haben, sind Sie aber gleichzeitig etwas traurig, dass der Weg dorthin nun beendet ist?

Sind Sie nun, wo Sie es erreicht haben, dauerhaft zufriedener?

Hat es Ihr Leben verändert, dieses Ziel erreicht zu haben?

Oder können Sie diese Fragen nur schwer beantworten, weil Sie Ihr Herzensziel gar nicht erreichen können, da Ihr Ziel bereits im Weg liegt?

Wenn Sie entweder die letzte oder aber die ersten drei Fragen mit »Ja« beantwortet haben, dann scheint es sich wirklich zu lohnen, diesem Herzensziel zu folgen. Am besten, Sie beginnen noch heute damit!

Vielleicht haben Sie Ihr Herzensziel ja schon längst gefunden – und sind verzweifelt darüber, dass Sie dennoch nicht durchhalten. Manchmal ist das ein Zeichen dafür, dass es sich gar nicht wirklich um Ihr Herzensziel handelt. Dann lohnt es sich, noch einmal genau in sich hineinzuhorchen. Mitunter ist die Motivation aber eben schwächer, weil die Ablenkungen und Alternativen so stark sind. Ein wirkliches Ziel ist *eine* starke Motivation, sich selbst treu zu bleiben; aber manchmal reicht selbst das noch nicht.

Was heißt »Motivation« eigentlich? Nichts anderes als »Beweggrund«! Ohne Motivation bewegt sich nichts, ohne Motivation *kann* sich nichts bewegen. Wenn unsere Motivation stark ist, benötigen wir kaum noch Kraft, um uns in Bewegung zu versetzen – mit einer schwachen Motivation wird es oft geradezu unmöglich.

Materielle Anreize – also in der Regel Geld – werden sehr gern eingesetzt, Menschen dazu zu bewegen, etwas zu tun, das sie sonst nie und nimmer tun würden: Beispielsweise jeden Tag um 8 Uhr in einem muffigen Büro zu erscheinen. Doch das Geld hat ja nur sehr indirekt etwas mit der Tätigkeit zu tun und daher fällt die Arbeit den meisten auch ziemlich schwer. Vielleicht hat manch einer seine Arbeit sogar absolut satt – aber eine andere Motivation hält ihn bei der Stange: Er hat Angst vor Arbeitslosigkeit. Auch diese Motivation ist allerdings alles andere als angenehm. Zwar führt sie immerhin dazu, dass man überhaupt zur Arbeit geht – aber leider mit wachsend unangenehmen Gefühlen. Eine andere Möglichkeit ist, dass jemand motiviert ist, zur Arbeit zu gehen, weil sie ihm sinnvoll erscheint, weil er dort netten Menschen begegnet, weil er dort seine Fähigkeiten beweisen kann.

Es dürfte wohl klar sein, welche Motivation dauerhaft, stark und befriedigend ist. Die Frage ist nur: Können wir immer eine solche »intrinsische« Motivation, also eine Motivation, die nicht von außen,

sondern von unserem Inneren her kommt, entwickeln? Ein Herzensziel ist genau so eine Motivation! Aber können wir uns auch für alltäglichere Dinge wie Einkaufen gehen oder Sport treiben, sinnvoller motivieren?

Sehen wir uns dazu einmal genauer an, welche Grundformen der Motivation es gibt. In der Regel werden zwei Formen angenommen: Die »Weg-von-Motivation« und die »Hin-zu-Motivation«. Sicherlich sind Ihnen beide vertraut.

Das beste Beispiel für die »Weg-von-Motivation« ist Schmerz. Schmerz ist ein klares Signal, dass etwas geändert werden muss: »Ich muss *weg vom* Schmerz«. Diese Motivation ist so grundlegend, dass sie selbst die primitivsten Lebensformen kennen – eine Verletzung bewegt zu einer schnellen Fluchtreaktion. Aber auch beim Menschen ist die »Weg-von-Motivation« die bei Weitem häufigste Art, sich in Bewegung zu setzen. Die meisten von uns beginnen erst dann, etwas zu tun, wenn der augenblickliche Zustand zu unangenehm wird. Natürlich: Wer wird mit einer Diät anfangen, solange er rank und schlank ist?

So sinnvoll die »Weg-von-Motivation« auch für das Überleben ist – sie hat doch einige Nachteile: Erst einmal lenkt sie die Aufmerksamkeit auf das Negative und beschäftigt unseren Geist damit. Dann aber sagt sie nur, dass wir uns vom augenblicklichen Zustand wegbewegen müssen, aber leider nichts darüber wohin. Das kann dann natürlich oft in Zustände führen, die noch unangenehmer sind, wie man an denjenigen Menschen sieht, die weg aus einem grauen, unerträglichen Alltag in den Drogenkonsum flüchten.

Die »Hin-zu-Motivation« ist der genaue Gegenpol. Die Motivation durch Belohnung wirkt wie ein Magnet, der uns, wenn er nur stark genug ist, unaufhaltsam anzieht. Und selbst wenn er nicht ganz so stark ist, macht er es uns leichter, uns zu orientieren und auf das Ziel hin zu bewegen.

Für die »Hin-zu-Motivation« brauchen wir zwei höher entwickelte Fähigkeiten: Voraussicht und einen gewissen Grad an Bewusstsein. Wenn wir keine Vorstellung von der Belohnung haben, die ein Ziel uns bietet, beispielsweise vom interessanten neuen Job, unserem Urlaubsziel oder einem Leben ohne Zigaretten, kann es uns auch nicht motivieren. Die »Hin-zu-Motivation« wirkt nicht so unmittelbar wie die »Weg-von-Motivation« – und doch ist sie viel effektiver, wenn es nicht um das bloße physische Überleben geht.

Aus Kurmas Übungen:
Belohnung und Strafe

Ein Ziel zu setzen ist auf Dauer gesehen sinnvoller und effektiver, als von etwas abzuschrecken. Das ist aber den wenigsten Menschen klar: Deshalb werden Kinder geschlagen, Arbeitnehmer mit Kündigung bedroht oder Terroristen mit Krieg. Die Wirkungen sind mäßig. Mit dem folgenden Spiel können Sie das schnell feststellen. Alles, was Sie dafür brauchen, ist ein Mitspieler, beispielsweise Ihr Kind oder Ihren Partner, zwei Stück Schokolade und eine Uhr.

Verstecken Sie die Schokolade gut irgendwo in der Wohnung. Dann fordern Sie Ihren Mitspieler auf, den Schatz zu suchen. Im ersten Durchgang rufen Sie immer laut »Nein!«, wenn Ihr Mitspieler in die falsche Richtung geht. Im zweiten Durchgang immer »Gut!«, wenn er sich in die richtige Richtung bewegt.

Vergleichen Sie dann einmal die Zeiten!

Die »Hin-zu-Motivation« ist nicht immer effektiver. Wenn es vor allem um Flucht geht (beispielsweise wenn ein ungezogener Foxterrier Sie beißen will), ist die »Weg-von-Motivation« als ein grundlegender biologischer Mechanismus überlegen. Sie ist sehr stark, benötigt kaum bewusste Tätigkeit und läuft daher reaktionsartig und blitzschnell ab. (Sie ziehen Ihre Hand weg oder laufen davon.) Und dann hat die »Hin-zu-Motivation« auch noch einen Haken: Es fehlt ihr Flexibilität. Wenn ein Hindernis auftaucht, kann die »Hin-zu-Motivation« leicht zusammenbrechen – man hat das Ziel dann schnell aus den Augen verloren.

Es haben also beide Motivationsformen Bedeutung – und sie ergänzen einander: Ideal wäre es daher, wenn Sie beide gleichzeitig nutzen können. Und das funktioniert, wenn Sie die spontane Kraft der »Weg-von-Motivation« einsetzen, doch gleichzeitig nicht blind flüchten, sondern die zielgebende Energie der »Hin-zu-Motivation« aktivieren, um sich in die richtige Richtung zu bewegen.

Aus Kurmas Übungen:
Rauchfrei in die Toskana

Wenn Sie beispielsweise mit dem Rauchen aufhören möchten, können Sie die Angst vor Krebs, den Ekel vor dem ständigen Gestank und die Sorge um das knappe Geld als »Weg-von-Motivation« nutzen, die Sie in Bewegung versetzt. Das ist aber zu wenig, denn »Nichtrauchen« ist kein Ziel. (Ziele sind immer positiv und nicht negativ definiert.) Solange Ihnen nicht klar ist, wohin Sie wollen, wird es sehr schwer, mit dem Rauchen dauerhaft aufzuhören. Daher könnten Sie Ihr Vorhaben beispielsweise mit einer ganz einfachen »Hin-zu-Motivation«ergänzen: Sie wollen das Geld für eine Reise zusammenbekommen (legen Sie einen genauen Betrag fest!) – und tun nun jedes Mal, wenn Sie sonst eine Packung Zigaretten gekauft hätten, die vier Euro beiseite. Wenn Sie 10 Zigaretten am Tag rauchen, haben Sie nach einem Jahr eine Woche Toskana.

Sie können »Hin-zu-« und »Weg-von-Motivation« mit etwas Fantasie in jeder Lebenslage verbinden. Noch besser ist es jedoch, wenn Sie eine dauerhafte Verknüpfung herstellen: Und das funktioniert mit einem wahren Herzensziel sehr gut. Sie befestigen in Ihrer

Vorstellung an Ihrem Herzensziel eine Art »mentales Gummiband«, das Sie jedes Mal, wenn Sie einer unangenehmen Situation oder einem Hindernis begegnen, das Ihnen eine »Weg-von-Motivation« liefert, zu Ihrem wahren Ziel hinzieht. Ihr »mentales Gummiband« gibt Ihnen sofort Orientierung und zielgerichtete Energie – und Sie bewahren Ihre Flexibilität! Auf diese Art und Weise bewahren Sie Ihr Herzensziel stets vor Augen, ohne dabei den Weg aus den Augen zu verlieren. Alles, was Sie tun, wird Sie immer wieder auf Ihr Ziel hin ausrichten.

Manduki war in der vorangegangenen Woche ungewöhnlich still gewesen. Er hatte sich Kurmas Worte zu Herzen genommen, denn er spürte, dass sie ihm das zeigen wollte, nachdem er schon so lange gesucht hatte. Lange überlegte er hin und her, was wohl sein höchstes Herzensziel sei. Doch immer wieder verwarf er es. Der König des Weihers werden – das würde sein Leben wohl verändern, aber zum Besseren? Durch seinen Gesang berühmt werden – lächerlich, ihm ging das Quaken seiner Nachbarn ja schon auf die Nerven! Meister im Hochsprung zu werden – wozu? Schließlich erkannte er, nach was er sich wirklich sehnte: die Welt kennen zu lernen! Auch hier konnte er sich fragen, wozu das gut sein sollte. Aber er tat es eben nicht. Stattdessen suchte er die Meisterin auf und sprach: »Kurma, jetzt weiß ich, dass mein Herzensziel ist, die Welt kennen zu lernen. Doch wie soll ich nur beginnen?« Kurma sah den kleinen Frosch liebevoll an und sagte: »Lerne die Welt kennen, indem du die Welt vergisst! Gehe zum

Weiher hinter dem Mangohain, zum See hinter dem braunen Hügel, zum Sumpf hinter den Bergen. Und dann geh weiter. Mach den Weg zum Ziel, aber behalte dein Ziel dabei im Auge.«

Sie können sich Ihre Ziele so setzen, dass sie zu einem Weg werden. Dann wird es schon viel einfacher, sie zu erreichen.

Aber was bedeutet es, dass ein Ziel ein Weg ist? Es ist eine Sichtweise. Es ändert weder etwas an Ihrem Ziel noch an dem Weg – doch die Perspektive ist eine ganz andere. Üblicherweise sehen wir uns am Ausgangspunkt (A) stehen und haben in weiter Ferne das Ziel (Z) vor uns. Das, was zwischen A und Z liegt, ist die mühselige Arbeit, die Durststrecke, das, was uns von unserem Ziel trennt.

$$A \longrightarrow Z \qquad \xrightarrow{AZ}$$

Bei der zweiten Perspektive handelt es sich um genau dieselbe Realität – und doch um eine, die Welten von der ersten trennt: Ziel und Ausgangspunkt sind eins, höchstens Bezeichnungen bestimmter Punkte auf der Strecke. Im Weg sind Anfang und Ende enthalten. Der Weg ist zum Ziel geworden!

Geheimnis III – Beständigkeit

Aus Kurmas Übungen:
Dem Ziel eine Form geben

Die folgenden einfachen »Regeln« sind eine große Hilfe dabei, ein beliebiges Ziel so im Geist zu verankern, dass es eine »gute Form« bekommt. Das ist für jedes Ziel wichtig – aber für Ihr Herzensziel lohnt es sich doppelt.

- *Achte darauf, dass dein Ziel klar ist!* Wenn Ihnen Ihr Ziel nicht klar vor Augen steht – wie wollen Sie es dann erreichen?
- *Achte darauf, dass deine Ziele mit deinen Werten übereinstimmen!* Ein Ziel, das Ihren innersten Werten widerspricht, wird Sie nie glücklich machen.
- *Achte darauf, dein Ziel in positive Worte zu fassen!* »Ich will nicht …« ist kein gutes Ziel, denn es führt nur von etwas fort, aber nirgendwo hin.
- *Achte darauf, dass dein Ziel keine Vergleiche enthält!* »… besser … tun können.« ist kein gutes Ziel, denn es bleibt vollkommen unklar, wie viel besser.
- *Achte darauf, dass dein Ziel einen Zeitrahmen hat!* Nur wenn Sie sich einen Zeitrahmen setzen, können Sie feststellen, dass Sie Ihr Ziel erreicht haben. Morgen ist immer morgen.
- *Achte darauf, dass dein Ziel durch eigenes Tun erreichbar ist!* Ein Lottogewinn beispielsweise kann kein Ziel sein, sondern bestenfalls eine Hoffnung.

- *Achte darauf, welche Nachteile du hast, wenn du dein Ziel erreichst!* Ein Herzensziel zu erreichen, verändert das Leben. Das bedeutet, dass irgendetwas verloren geht: Es ist wichtig, sich darüber im Klaren zu sein!

Meisterin Yuna, die Eule, sprach zu Kurma: »Beständigkeit – das ist doch nur etwas für jene, die nicht schnell genug an ihr Ziel gelangen. Warum lobt Ihr sie also?« Darauf Kurma: »Wird ein Haus gebaut, und es ist fertig bis auf das Dach, und es geht nicht weiter – das nenne ich traurigen Stillstand. Wird ein Haus gebaut, und es ist erst der Grundstein gelegt, doch es geht weiter – das nenne ich fröhliches Vorankommen.«

Alle Übungen, alle Gedanken, alle Motivationshilfen werden mitunter zu wenig sein. Denn manchmal ist das Ziel einfach zu weit entfernt. Dann kann es noch so groß sein – die Entfernung macht es zu klein oder zu unwirklich, um es im Auge behalten zu können. Selbst ganz kleine Ziele, die viel näher liegen, erscheinen dann weitaus erstrebenswerter.

Aber auch dagegen können wir etwas tun.

Aus Kurmas Übungen:
Das Übergroße teilen

Die beste Möglichkeit, die Motivation für ein entfernt liegendes Ziel aufrechtzuerhalten, besteht darin, dass Sie sich Teilziele setzen. Ein Teilziel hat ein paar Eigenschaften, die es von Ihrem Herzensziel unterscheiden:

- Es ist in kurzer Zeit erreichbar.
- Sie können genau feststellen, dass Sie es erreicht haben.
- Es bringt Ihnen ein schnelles Erfolgserlebnis.
- Es ermutigt Sie, auf Ihrem Weg weiterzugehen.

Wenn Sie 10 kg abnehmen wollen, so beginnen Sie mit einem halben Kilogramm. Gehen Sie ein Mini-Ziel nach dem anderen an. Sie müssen nicht alle Stationen auf Ihrem Weg von vorneherein festlegen. Machen Sie einen kleinen Schritt, und lassen Sie sich von der Kraft des Gefühls, etwas Greifbares erreicht zu haben, weitertragen.

In diesem Abschnitt ging es um die Beständigkeit im Verfolgen unserer Ziele. Dabei haben wir festgestellt, dass es ganz entscheidend ist, sich über seine Herzensziele im Klaren zu sein – denn dies sind die Ziele, die uns Erfüllung bringen. Und es wird uns leichter fallen, für solche Ziele Energie aufzuwenden, da sie ihre Belohnung in sich tragen. Mitunter sind wahre Herzensziele jedoch zu groß, um uns im Alltag zu motivieren. Deshalb ist es gut, Mittel und Wege zu kennen, wie wir unsere Ziele richtig definieren, wie wir uns Teilziele setzen und wie wir unsere Motivation verstärken können. Die vielleicht wichtigste Erkenntnis ist jedoch, dass unsere höchsten Ziele keinen Zielpunkt haben, sondern dass diese Ziele zu unserem Weg werden.

Manduki war sehr zufrieden, dass er nun seinem Herzensziel folgte. Zum ersten Mal in seinem Leben hatte er länger als nur einen Tag lang das Gefühl, auf dem richtigen Weg zu sein und seinem Leben Bedeutung zu verleihen. Bevor er aufbrach, wollte er Kurma noch einmal um Rat bitten. »Meisterin, ich habe gelernt, dass es gut ist, sich selbst treu zu bleiben. Also sollte ich mich auf den Weg machen. Doch ich habe meinem Cousin versprochen, dass ich übermorgen zu seiner Hochzeit komme. Kann ich gleichzeitig mir selbst und anderen treu bleiben?« »Mein lieber Manduki«, antwortete Kurma. »Wie könntest du dir selbst trauen, wenn andere dir nicht trauen können?«

Beständig bestimmte Ziele zu verfolgen, ist wichtig. Unsere Herzensziele zu verfolgen, ist sogar eines der wichtigsten Dinge in unserem Leben.

Es gibt aber auch noch eine andere Form der Beständigkeit: die Beständigkeit, die in uns selbst liegt – und die Beständigkeit im Umgang mit unseren Mitmenschen, also die Qualität, die wir brauchen, damit andere Vertrauen zu uns entwickeln können.

Sicherlich kennen Sie Menschen, die zuverlässig sind, und solche, bei denen Sie sich bestenfalls darauf verlassen können, dass sie ihre Versprechen auf keinen Fall halten werden. Dann haben Sie sicher auch festgestellt, dass das nicht unbedingt mit anderen Charakterzügen zusammenhängt: Ein zuverlässiger Pedant ist nicht immer sympathischer als ein liebenswerter Chaot.

Zuverlässigkeit, Treue und Pünktlichkeit sind in der Regel Verhaltensweisen, die angenehm für unsere Mitmenschen sind – doch sie sind nicht wirklich ein Wert an sich. Wer in einer Gesellschaft mit einem anderen Zeitbegriff (beispielsweise der indischen) immer pünktlich zu Verabredungen erscheint, macht sich selbst das Leben schwer und setzt andere unnötig unter Druck. Wer mit seiner ehelichen Treue hausieren geht, während sein Partner begeistert Swinger-Clubs besucht, macht sich nur zum Gespött. Und wer felsenfest zu seinem Wort steht, obwohl daraus nur Leid und Unrecht entstehen (beispielsweise bei den »treuen« Gefolgsleuten Hitlers) setzt sich selbst ins Unrecht und wird zum Verbrecher.

Der Wert von Treue, Pünktlichkeit und Zuverlässigkeit liegt nicht hauptsächlich in dem Nutzen für andere. Es kann schließlich nicht darum gehen, irgendwelche abstrakten Werte fanatisch zu verfolgen, sondern nur darum, andere zu respektieren. Und darum, wie man sein Inneres in Einklang mit dem Äußeren bringt. Ein

Geheimnis III – Beständigkeit

unzuverlässiger Chaot kann durchaus ein sympathischer, freundlicher, liebevoller und hilfsbereiter Mensch sein. Nur eins wird nicht der Fall sein: Seine Gedanken, Gefühle und Taten werden nicht harmonisch im Einklang sein. Damit wir uns nicht falsch verstehen: Das heißt selbstverständlich nicht im Unkehrschluss, dass dies bei dem überpünktlichen Pedanten der Fall wäre.

Es gibt verschiedene Formen des Einklangs: Zwei absolut gleiche Töne – oder den vielschichtigen harmonischen Klang eines Orchesters. Der Einklang des Pedanten entspricht Ersterem, der Einklang der Gedanken, Gefühle und Handlungsweisen eines in sich ruhenden Menschen Letzterem.

Der wahre Wert der Zuverlässigkeit liegt also in der inneren Harmonie, die sie mit sich bringt. Sie befreit den Geist von Unnützem, da sich anstelle eines verschlungenen Geflechts aus scheinbaren Pflichten, oberflächlichen Neigungen des Augenblicks und Verstrickungen in Ausreden, Erklärungen oder Notlügen ein klarer, freier Weg auftut. Selbst der gedankenloseste Augenblicksmensch, selbst der schlimmste Eigenbrötler, hat widerstreitende Gedanken, Gefühle und Motive im »Hinterkopf«. Sein Unterbewusstsein muss ständig Arbeit verrichten, um sich im Dschungel der wechselhaften Ereignisse, Anforderungen und Bedürfnisse nicht zu verlieren.

Zuverlässigkeit ist keine Pflicht, sondern Befreiung. Sie steht nicht im Gegensatz zu Freiheit und Spontaneität, sondern macht sie erst möglich: Zwar setzen Bedürfnisse und verfügbare Zeit Grenzen, doch diese Grenzen werden durch geistige Klarheit und Beständigkeit nicht enger, sondern weiter. Wer einem klaren inneren Weg folgt, hat mehr Spielraum für Entscheidungen und mehr Gelegenheit zu wahrem spontanem Handeln als einer, der von den Launen des Augenblicks, vom ständigen Wechsel der Ansichten, von der Unübersichtlichkeit des Chaos begrenzt in engen Kreisen seine schwankende Bahn zieht.

Die verbreitete Vorstellung, dass Beständigkeit eine freiwillige Beschränkung von Freiheit und Individualität sei, beruht auf einem Missverständnis: Freiheit und Individualität werden mit Gedankenlosigkeit und Willkür verwechselt.

Wenn wir Menschen, die gewohnheitsmäßig die Unwahrheit sagen und ihr Wort brechen, mit solchen vergleichen, die aufrichtig sind und zu ihrem Wort stehen, können wir das schnell erkennen. Wir sehen – selbst oder gerade dann, wenn wir selbst zu kleinen oder großen Lügen neigen – dass eine Unwahrheit beinahe unausweichlich die nächste gebiert. Wer ein Versprechen nicht hält, ist schnell mit einer Ausrede bei der Hand. Und das kann Folgen haben ...

> David hat eine Verabredung mit Jana. Er hat das völlig vergessen, und gerade als es ihm wieder einfällt, meldet sich sein alter Kumpel Paul – und sie verabreden sich im »Piazza Piccolo«. Vorher ruft David noch kurz bei Jana an: »Tut mir leid, gerade ist meine Tante spontan zu Besuch gekommen. Die kann ich hier nicht einfach sitzen lassen ...« Ein paar Tage später hört Jana von

einer Freundin, dass sie David in der Bar gesehen hat. »Ja, das ist eine komische Geschichte. Meine Tante hat meinen Cousin mitgebracht, und als wir unterwegs waren, hat sie eine Freundin getroffen und dann saß ich da …« Bei einer Hochzeitsfeier von Freunden erfährt Jana zufällig, dass David gar keine Tante hat. »Jaja, das stimmt schon. Erika ist die beste Freundin meiner Mutter – und die habe ich schon als Kind immer Tante genannt …«

Nun lügt freilich nicht jeder so plump. Und es kommt auch nicht oft vor, dass sich Zufälle so häufen. Doch wer nicht die Wahrheit sagt, lebt immer in »Gefahr« und macht sich sein Leben schwerer als nötig. Die Wahrheit zu sagen ist kein *moralisches* Gebot, sondern man macht es sich nur leichter!

Das gilt nicht nur für die Fälle, in denen man ungeschickt lügt, leicht durchschaubar aufschneidet oder sein Wort ganz offensichtlich nicht hält. Denn wiederum ist es vor allem die innere Wirkung.

Aus Kurmas Übungen:
»Wahrheit« und Wahrhaftigkeit

Die Wahrheit ist schwer zu erkennen. Doch Wahrhaftigkeit ist eine geistige Regel, die sich nicht in erster Linie auf äußere Tatsachen bezieht.

In der Abbildung sehen Sie zwei Linien. Welcher Mittelteil zwischen den Pfeilen ist länger? Sehen Sie genau hin und sagen Sie die »Wahrheit«.

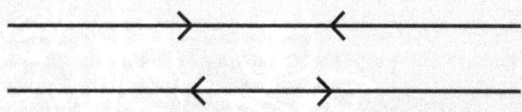

Wenn Sie gesunde Augen haben, scheint Ihnen der Mittelteil der oberen Linie länger. Tatsächlich sind jedoch beide gleich lang!
Dies war aber nur eine ganz einfache Wahrnehmung. Wenn es nun um soziale Wahrnehmungen, spirituelle Erkenntnisse, ästhetische Eindrücke geht, wird es natürlich nicht leichter, die »Wahrheit« zu benennen. Was wir sehen, ist also nicht unbedingt die Wahrheit. Auch unsere Worte können missverständlich sein. Wenn wir glauben, die Wahrheit zu kennen, sind wir möglicherweise am weitesten von der Wahrheit entfernt.

Zur Beständigkeit im Geistigen gehört also nicht unbedingt die »Wahrheit« – aber Wahrhaftigkeit.

Wer »leere Worte« macht, wird mit der Zeit Vertrauen verlieren. Nicht nur bei anderen Menschen, sondern ebenso zu ihnen. Seine Worte werden keine Bedeutung mehr haben – schließlich nicht einmal vor ihm selbst. Er weiß ja sehr gut, dass das, was er sagt, manchmal stimmt und manchmal nicht. Ganz nach Laune. Wie aber kann er seinen eigenen Launen vertrauen? Kann er aber sich selbst schon nicht mehr trauen, verlieren seine Worte für ihn selbst an Bedeutung. Und irgendwann wird schließlich sein Selbst in seinen eigenen Augen an Bedeutung verlieren.

Wer spürt, dass er bedeutungslos ist, der wird sein Selbstwertgefühl einbüßen und in Depressionen verfallen. Eine Weile, vielleicht sogar geraume Zeit, wird er sich noch selbst täuschen und aus seiner scheinbar überlegenen Schlauheit Selbstwert beziehen können. Doch irgendwann bricht auch diese Illusion zusammen. Ihm wird nicht vertraut, er vertraut sich selbst nicht und auch anderen kann er kein Vertrauen schenken. Ist das nicht trostlos?

Wie viel einfacher ist es da doch, Beständigkeit zu kultivieren!

Wahrhaftigkeit hat nichts mit Moral oder dem Beharren auf eigenen Ansichten zu tun, sondern ist ein Sich-Öffnen. Wahrhaftigkeit zu pflegen heißt, sich selbst gegenüber aufrichtig zu sein, sich nicht zu verstellen und somit auch aufrichtig anderen gegenüber zu sein. Wahrhaftig zu sein, heißt, nicht »wirken wollen«, sondern einfach zu *sein*.

Im Alltag dient die Wahrhaftigkeit auch dazu, sich nicht in Illusionen, Täuschungen und Selbsttäuschung zu verstricken. Das beginnt bei ganz einfachen Dingen. Die meisten Menschen neigen beispielsweise dazu, wenn sie etwas erzählen, dies ein wenig auszuschmücken und bunter zu gestalten. Das ist ja auch ganz verständlich; eine Begebenheit wirkt interessanter und findet aufmerksamere Zuhörer, wenn sie farbiger gemacht wird. Doch auch wenn dies dem Zeitvertreib der Zuhörer dient, so schadet es doch der Entwicklung des Erzählers. Indem er wirken will, will er sich selbst interessanter machen. Stellt der Zuhörer Fragen, müssen neue Dinge erdacht werden, und die Verstrickung in die Illusionen wird immer stärker, immer weiter entfernt sich der Erzähler von der Wahrhaftigkeit, immer mehr entfernt er sich von sich selbst.

Daher ist es so wichtig, wahrhaftig zu sein.

 Kurma spricht: »Wer leichtfertig etwas verspricht, weckt kein Vertrauen. Wer die Dinge leichtsinnig behandelt, stößt auf Schwierigkeiten. Daher nimmt der Weise nichts auf die leichte Schulter – und alles fällt ihm leicht.«

In diesem Abschnitt haben wir überlegt, warum es wichtig ist, Zuverlässigkeit zu pflegen. Nicht, um moralischen Vorschriften genüge zu tun, sondern um unseren Geist von Unrat zu befreien und klar werden zu lassen, um vor uns selbst dauerhaft bestehen zu können und um vertrauens*würdig* und vertrauensvoll gegenüber dem Leben zu werden.

 *Manduki war mittlerweile von der Hochzeit seines Cousins zurückgekehrt. Er hatte sein Versprechen gehalten, sich am Glück seines alten Teichkameraden gefreut und verstanden, dass es seinem Weg nicht abträglich sein konnte, sein Wort zu halten – ganz im Gegenteil. Manduki war nachdenklicher, ruhiger, vor allem aber glücklicher geworden, seit er Kurmas Schüler war. Nun war es an der Zeit, seinem Herzensziel zu folgen und in die Welt hinauszuziehen. Also nahm er Abschied von der Meisterin und bat um einen letzten Rat. »Manduki, mein Lieber, du hast die Beständigkeit, die dir fehlte, verwirklicht – was könnte ich dir noch raten? Alles was du brauchst, ist in dir. Du bist schon vollkommen. Sei nur beständig ganz du selbst und nichts wird dich von deinem Weg abbringen.«*

Wir haben über die Beständigkeit unserer Ziele, unserer Gedanken, Gefühle und Handlungen gesprochen – doch all dem liegt etwas Tieferes zugrunde: die Beständigkeit unseres Selbst.

Wir alle haben einen inneren Ruhepol, um den sich unser Leben dreht. Dieser Wesenskern begleitet uns durch die Zeit. Wir sind wir – als Fünfjährige, Fünfzehn- oder Fünfzigjährige. Trotz aller Erfahrungen, allen Lernens, allen Vergessens, allen Erlebens bleiben wir doch immer wir selbst.

Doch wer ist dieses »Ich«, das uns ausmacht? Wir wollen hier nicht allgemein, theoretisch, philosophisch oder psychologisch nach dem Wesen des Selbst fragen. Vielmehr ganz konkret: Wer ist »Ich« wirklich? Wer sind Sie?

Aus Kurmas Übungen:
Abnehmen

Machen Sie doch einmal, nur so zum Spaß, ein kleines Gedankenexperiment. Stellen Sie sich vor, Sie könnten beliebige Teile Ihrer selbst – körperliche, seelische und geistige – von sich wegnehmen. Wie viel können Sie wegnehmen und dennoch Sie selbst bleiben?

Vielleicht wollen Sie sich nur ungern von etwas so Persönlichem trennen? Aber wie steht es mit Sorgen, Ängsten, Gebrechen, hässlichen Gedanken? Fangen Sie an, mit was Sie möchten. Das Experiment beginnt also sehr angenehm: In der Vorstellung befreien Sie sich von Lästigem. Dann von Überflüssigem und erst dann wird es schwierig …

Herauszufinden, wer wir wirklich in unserem Kern sind, ist eine spannende und lohnende Herausforderung.

Was in uns hat Bestand? Das Wesentliche.

Das, was uns ausmacht, ist nicht konform, es passt sich nicht den Meinungen an, es lässt sich nicht überreden. Doch es ist auch nicht das Gegenteil. Es ist nicht zwanghaft nonkonformistisch, nicht starrsinnig, nicht unzugänglich für Einsichten.

Geheimnis III – Beständigkeit

Es ist eben nicht manipulierbar, sondern selbst-ständig. Es ist vollkommen, doch es kann wachsen – so wie ein Kind bereits ein Mensch ist, aber sich entwickeln kann.

Die Immunität gegen Manipulation ist eine Folge des Weges zu uns selbst. In unserer Zeit ist dies wichtiger denn je. Es wird immer schwieriger zu unterscheiden, was aus unserem Innersten kommt und was von außen in unseren Geist »implantiert« wurde. Von allen Richtungen werden wir beeinflusst. Wir sollen Cremes auftragen, die uns jugendlich erscheinen lassen, Autos fahren, mit denen wir die Umwelt schützen, Frauen imponieren oder unsere Überlegenheit beweisen, Waschmittel verwenden, die Weißes weißer, Buntes bunter und Reines reiner machen, Limonade trinken, die uns beliebt und sympathisch macht ... Wir sollen Parteien wählen, die das Paradies auf Erden schaffen, Gerechtigkeit und Freiheit und Reichtum vermehren ...

Diese Versprechen sind noch relativ einfach zu durchschauen. Doch vor allem durch das Fernsehen werden wir auf viel tieferer Ebene beeinflusst. Wir erfahren, wie erfolgreiche Menschen aussehen (perfekt gestylt, schlank und makellos), wie »man« heute denkt (vor allem an Sex und Geschäfte), wie viel Gewalt es überall gibt (an einem Tag im Fernsehen gibt es mehr Morde als in Deutschland in einem Jahr), wir werden daran gewöhnt, Gewalt als normales Alltagsphänomen zu erleben (durch Kriege, Krimis und Actionfilme), und es wird uns vermittelt, dass wir eigentlich viel zu unvoll-

Geheimnis III – Beständigkeit

kommen sind, um in dieser Welt wirklich zu bestehen. Wir müssen entweder rücksichtslos und überdurchschnittlich sein oder uns unterordnen und unsere Arbeit tun …

Diese Scheinwelt scheint mitunter wirklicher als die Wirklichkeit. Die Traumwelt, die immer mehr zum Albtraum wird, hat jedoch nur Macht über uns, wenn wir ihr diese Macht geben. Wenn wir erwachen – und manchmal sind wir so tief in den Illusionen gefangen, dass das gar nicht so leicht ist –, erkennen wir, dass wir viel freier sind, als wir glaubten. Das Erwachen kann plötzlich oder allmählich stattfinden. Doch es bedarf der beständigen Suche nach unserem inneren Kern, unserem wahren Wesen.

- Fragen Sie sich, ob Sie das, was Sie sich wünschen, wirklich wünschen.
- Fragen Sie sich, woher Ihre Vorstellungen kommen.
- Fragen Sie sich, wieso Sie was glauben.

Wenn Sie auf die Stimme Ihres Herzens hören, spüren Sie ganz deutlich, welche Antwort Bedeutung hat.

Und schon wieder haben Sie sich Ihrem Wesenskern ein Stück weit genähert. So fällt die Illusion durch die beständige Suche nach dem Selbst allmählich von Ihnen ab – und Sie können der sein, der Sie wirklich sind.

Kurma spricht: »Sei du selbst und bleibe du selbst, beständig im Wechsel wie der große Fluss, der stets derselbe bleibt und nie der gleiche ist.«

In diesem Abschnitt ging es darum zu zeigen, dass die Beständigkeit der Persönlichkeit nicht dasselbe ist wie Starrsinn. Das Selbst bewahren bedeutet, sich selbst treu zu bleiben – offen zu bleiben für Veränderung und dabei in sich ruhend, nicht gegen den Strom schwimmen, nicht mit dem Strom schwimmen, sondern ruhig fließen. Um gegen Manipulation und Täuschung immun zu werden, müssen wir uns zunächst selbst kennen und zum Kern unseres Wesens vordringen. Dann trennt uns nicht mehr die Welt der Illusion von uns selbst.

Durch Beständigkeit kann man fast alles erreichen. Das vielleicht beste Beispiel dafür ist Mahatma Ghandi und seine Philosophie des Satyagraha. »Satyagraha« bedeutet »beständiges Festhalten an der Wahrheit«. Mit seinem beständigen gewaltlosen Festhalten am Maßstab der Gerechtigkeit gelang es ihm, Indiens Unabhängigkeit von Großbritannien zu erreichen. Er kämpfte nicht, wandte sich gegen jegliche Gewalt und nahm wiederholt in Kauf, dass er ins Gefängnis geworfen und misshandelt wurde – er blieb nur unbeirrbar auf seinem Weg.

Geheimnis III – Beständigkeit

Was immer wir uns auch vornehmen mögen: Indem wir uns treu bleiben und unserem Weg folgen, können wir es auch erreichen. Wir können uns aber nur dann treu bleiben, wenn wir uns nicht selbst betrügen – unser Herz spürt ganz genau, ob wir einem Ziel aus ganzem Herzen folgen oder ob wir lediglich Zielen hinterher jagen, die wir uns niemals wirklich selbst ausgesucht haben, da es im Grunde immer nur die Ziele der anderen waren.

Jeder Mensch ist in seinem innersten Wesen bereits vollkommen. Er muss es nur entdecken.

 KURMAS LOB DER BESTÄNDIGKEIT

Selbst der Banyan-Baum
wuchs aus einem Keim,
selbst der hohe Tempelturm
begann als ein Klumpen Lehm,
auch eine Reise von tausend Meilen
beginnt mit einem Schritt.

KURMAS GEHEIMNISSE

Gelassenheit. Nimm die Dinge nicht zu wichtig – vor allem aber nicht dich selbst!

Langsamkeit. Mit Eile lässt sich das Glück nicht einfangen. Willst du dein Ziel erreichen – mach einen Umweg!

Beständigkeit. Vollende, was du beginnst. Beginne damit, deinem Herzen zu folgen!

4 WANDLUNGSFÄHIGKEIT

Das Geheimnis nachzugeben

DER VIERTE WETTLAUF. *Shashaka, der Hase, war mittlerweile schon ein wenig bescheidener geworden. Die alte Schildkröte hatte ihn nun schon dreimal besiegt. Vielleicht war sie ja weise. Doch war es wirklich ihr Verdienst, dass er verschlafen hatte oder dass er fast im Unwetter umgekommen wäre? An das letzte Rennen wollte er gar nicht denken; da bekam er sofort rote Ohren. Doch Shashaka hatte es sich nun einmal in den Kopf gesetzt, die Meisterin zu besiegen. Also forderte er Kurma abermals zum Wettlauf. Sie wies auf einen gewaltigen Baum in der Ferne. »Wer von uns als erster den alten Mangobaum erreicht, soll als Sieger gelten.« Shashaka erklärte sich einverstanden.*

Als sie sich am folgenden Morgen trafen, verbeugte sich Shashaka – wieder einmal siegesgewiss – und sagte: »Ich bin noch ein wenig müde und lasse dir gerne den Vortritt.« Kurma verneigte sich und ging los. Nach einer Viertelstunde erhob sich Shashaka und sprach bei sich: »Nun werde ich ganz gemächlich zum alten Mangobaum laufen und mich dann noch ein Weilchen ausruhen, bevor die alte Schildkröte kommt. Diesmal werde ich sicherlich gewinnen!« Munter sprang er los und hatte schon nach kurzer Zeit Kurma eingeholt. Doch was war das: Ein Fluss lag zwischen ihm und dem Ziel! Er lief am Fluss entlang, Meile um Meile, um eine Brücke oder eine Furt zu finden. Als es ihm nach langer Zeit gelang, den Fluss zu überqueren, hatte Kurma schon längst das Wasser überwunden und den alten Mangobaum erreicht.

So gewann Kurma, auf der Erde gehend, im Wasser schwimmend, durch ihre Wandlungsfähigkeit auch den vierten Wettlauf.

Es gibt zwei grundsätzlich verschiedene Möglichkeiten, mit unangenehmen Umständen und Veränderungen zurechtzukommen: Entweder wir passen uns den Umständen an, oder wir versuchen, die Umstände zu verändern und die Welt unserem Befinden und unseren Bedürfnissen anzupassen. Wenn der Winter hereinbricht, können wir uns mit kalten Duschen abhärten, uns durch mehr Bewegung aufwärmen oder uns mit der Kälte abfinden – wir passen uns selbst der Kälte an. Wir können aber auch ins Flugzeug steigen und in den Süden fliegen oder einen dicken Mantel anziehen und die Heizung aufdrehen – wir verändern also etwas an den äußeren Umständen.

Die westlichen Zivilisationen haben vor allem auf den zweiten Weg gesetzt, die Welt verändert und sie »dem Menschen« (als ob es nur einen gäbe oder alles Klone wären) angepasst. So entwickelten sich Wissenschaften und Technik, denen wir so wunderbare Dinge wie Autobahnen, Kühlschränke, genetisch veränderte Lebewesen, Mobiltelefone und digitale Armbanduhren verdanken.

Aber so schön das alles auch sein mag: Irgendwie scheint es die meisten Menschen nicht wirklich glücklich gemacht zu haben.

So wichtig die Fähigkeit, die Welt zu verändern, auch sein mag – mindestens ebenso bedeutend ist die eigene Wandlungsfähigkeit! Dass sie nicht dasselbe Ansehen genießt, hat zwei Gründe:

Einmal fordert es oft weniger Anstrengung, das Außen zu verändern als das Innen. Zwar benötigt es viel Gedankenarbeit und

Erfindungsgeist, um eine gute, funktionierende Heizung zu entwickeln – dann allerdings bedarf es praktisch überhaupt keiner Anstrengung mehr, sie anzuschalten.

Zweitens aber klingt »Wandlungsfähigkeit« ein wenig nach »sich anpassen« – und das ist für viele Menschen nicht gerade attraktiv. (Und diejenigen, für die es attraktiv klingt, führen oft nichts Gutes im Schilde …) »Anpassen« ist jedoch ein Teil der enormen Wandlungsfähigkeit, die für Menschen charakteristisch ist. Und es ist nicht dasselbe, wie sich zu unterwerfen, das, was man als richtig erkennt, zu verleugnen, vor Obrigkeiten zu kriechen oder gar in vorauseilendem Gehorsam Untaten zu begehen.

Wer sich unterwirft und dabei sein wahres Wesen aufgibt, verändert sich. Er ist nicht mehr er selbst und nur sein »kleines Ich«, das Äußere, sein Status, sein Besitz, bleibt erhalten. Wer sich wahrhaft anpasst, bei dem ist es umgekehrt: Er gibt sein kleines Ich auf und bewahrt sein wahres Wesen.

Können Sie sich noch an den Orkan »Wiebke« im Jahr 1990 erinnern, der am 1. März ganze Wälder niederriss? Am Abend des 28. Februar stand noch ein Wald – am folgenden Morgen lag er am Boden. Nur ein paar junge, bewegliche Fichten waren stehen geblieben, weil sie sich im Wind gebeugt, dabei aber ihre Form dennoch bewahrt hatten. Und auf den Wiesen war kein einziger Grashalm gebrochen …

Beständigkeit und Wandlungsfähigkeit sind keine Gegensätze. Sie ergänzen einander wie das männliche und das weibliche Prinzip. Sie

wechseln einander ab wie Tag und Nacht. Sie bedingen einander wie die beiden Seiten einer Münze. In der chinesischen Philosophie gibt es ein wunderbares Symbol für dieses Prinzip der gegenseitigen Bedingung, das Ba-gua- oder Yin-Yang-Symbol.

Schwarz oder Weiß kann Hintergrund oder Vordergrund sein. Nimmt man das eine fort, so verschwindet auch das andere. Es sind zwei deutlich unterschiedene Bereiche und doch sind sie eins. So verhält es sich auch mit Beständigkeit und Wandlungsfähigkeit.

 *Kurma spricht: »Wer nicht geht, kann nicht stehen bleiben. Wer nicht steht, kann nicht losgehen.«*

Was bedeutet das für unser Leben?

Alles beeinflusst uns, ob wir wollen oder nicht – so wie auch wir die Welt mit allem, was wir tun, beeinflussen. Auch dann, wenn wir nichts tun, entscheiden wir uns für eine Handlungsweise: Dadurch, dass wir auf der Couch sitzen bleiben, nehmen wir nur einen anderen, passiven Einfluss auf die Welt, als wenn wir das Haus verlassen und unsere Arbeit tun. So oder so – was wir auch tun: Unser Handeln beeinflusst die Welt. Wir hätten vielleicht einen Menschen in Not retten können, wenn wir nicht im Bett geblieben wären und stattdessen an den See gefahren wären. Wir hätten vielleicht einen Menschen überfahren, wenn wir uns auf einen Ausflug zum See begeben hätten, anstatt im Bett zu bleiben. Wir wissen nicht, wie unser Handeln und Nichthandeln auf die Welt wirkt – nur dass es unmöglich ist, den Fluss der Dinge aufzuhalten.

Alles ist also im Fluss und verändert sich. Sind wir unfähig, uns harmonisch mit der Welt zu bewegen, entsteht Disharmonie – ein Missklang zwischen der Welt um uns und der Welt in uns.

Dafür, wie wir uns in Einklang mit der Welt bringen, gibt es kein Patentrezept. Aber es gibt einen Wegweiser: »Handle im Einklang mit deiner wahren Natur.«

Nur – wie erkennen wir, ob wir das auch wirklich tun? Es ist eigentlich ganz einfach: Wenn wir gegen unsere Natur handeln, fühlen wir uns unwohl, spüren Stress und erleben innere Widerstände. Wenn wir im Einklang sind, fühlen wir uns wohl.

Mahuna, der Büffel, war wirklich starrsinnig. Wenn er beschlossen hatte, einen Weg zu gehen, konnte ihn nichts und niemand aufhalten. Er war früher von seiner Herde dafür sogar bewundert worden, doch nun, da er älter wurde, spürte er, dass er immer einsamer wurde. Und so beschloss er eines Tages, die alte Schildkröte aufzusuchen, von der er schon so viel gehört hatte – und nichts konnte ihn davon abhalten. Aber das wollte ohnehin niemand. Kaum hatte er Meisterin Kurma erreicht, platzte er auch schon mit einer Frage heraus: »Ist es nicht besser, fest zu seinen Ansichten zu stehen, anstatt sich von anderen in sei-

Geheimnis IV – Wandlungsfähigkeit

nem Handeln beeinflussen zu lassen?« Kurma dachte ein Weilchen nach und sprach dann: »Das Lebendige ist weich und biegsam, das Verdorrte hart und starr. Im Wind bricht die alte Eiche. Der Bambus wird vom Wind gebeugt. Dass er vom Wind gebeugt wird, verändert sein Wesen nicht. Denn er bemüht sich nicht, sich zu verbiegen, er bemüht sich nicht, sich aufzurichten – er bleibt er selbst.« Sie zwinkerte Mahuna zu und fügte hinzu: » Zumindest, solange kein Panda in seine Nähe kommt ...«

Leben ist Bewegung. Bewegung ist aber bereits die grundlegende Form der Wandlungsfähigkeit. Alles, was lebt, ist in Bewegung. Selbst dann, wenn wir ganz still liegen, kreist unser Blut durch unseren Körper, wir atmen und unsere Gedanken bewegen sich. Auch in einem alten Baum kreisen die Säfte und in allen seinen lebenden Zellen herrscht unablässige Bewegung.

Was völlig unbewegt ist, ist tot.

Doch was ist völlig unbewegt? Alles im Universum ist im ständigen Wandel begriffen; Veränderung ist ein Teil des Seins. Die Atome selbst vibrieren, sogar die Atombausteine selbst sind bewegte Energie, nichts, wirklich nichts steht vollkommen still. Das Universum atmet.

Was unwandelbar ist, ist nicht tot, sondern nicht existent. Vollkommener Stillstand ist eine Illusion.

Heißt das etwa, dass wir uns mehr bewegen sollten? Nun – schaden würde das sicherlich nicht. Wir bewegen unseren Körper zwar in immer schnellerem Tempo von einem Ort zum anderen, aber immer weniger aus eigener Kraft. Doch das ist nicht gemeint. Eine andere Form der Bewegung ist mindestens genauso wichtig: die Bewegung in immer neue Richtungen. Und es geht auch nicht um die körperliche, sondern um die geistige Bewegung.

Die Welt ist, was wir von der Welt erkennen. Folgen wir stur, mit geistigen Scheuklappen, einer engen, vorgezeichneten Spur, wird unsere Welt sehr klein, unfrei und beschränkt bleiben. Werfen wir die Scheuklappen ab, verlassen wir die vorgezeichneten Pfade und blicken frei um uns: Dann wird unsere Welt groß, bunt und vielfältig.

Nur dann werden wir fähig, wahrhaft zu genießen, vor allem aber fähig zu Kreativität, Erkenntnis und seelischem Wachstum.

Um uns bewegen zu können, müssen wir beweglich werden. Die körperliche Flexibilität geht uns verloren, wenn wir immer nur sitzen und unseren Körper kaum gebrauchen. Die geistig-seelische Flexibilität geht uns verloren, wenn wir uns nie auf Neues einlassen und unsere geistigen Fähigkeiten nie einsetzen.

Unsere geistigen Fähigkeiten, insbesondere unsere Kreativität, sind ein Teil unseres Menschseins. Sie müssen kein Genie sein, um träumen zu können, um kreativ zu sein, um die Augen zu öffnen und zu staunen. Sie müssen nicht Mozart sein (auch wenn Ihrem Nachbarn das vielleicht lieber wäre), um ein selbst erfundenes Lied zu singen; sie müssen nicht Picasso sein, um Ihren Gefühlen in

Bildern Ausdruck zu verleihen; sie müssen nicht Goethe sein, um Ihre Gedanken aufzuschreiben. Vor allem aber müssen Sie nicht auf eine göttliche Inspiration warten.

Kreativität ist nur ein Teil einer anderen Kunst: der Wandlungsfähigkeit. Jede Form des Ausdrucks ist Bewegung. Eine Kunstform, die erstarrt ist, oder eine Sprache, die sich nicht mehr verändert (wie Latein, Altgriechisch oder Sanskrit), ist tot. Kreativ zu sein bedeutet nicht etwa, etwas aus dem Nichts zu schaffen. Nicht einmal für Gott, der ja schon alles war, bevor er es erschuf.

Aus Kurmas Übungen:
Den Geist flexibel halten

Kurma war in neckischer Laune und stellte Mahuna ein Rätsel. »Alle Wesen werden von neun Leiden geplagt: Gier, Unwissenheit, Hass, Angst, Neid, Arroganz, Aggressivität, Lieblosigkeit und Bürokratie.« Für jedes »Leiden«, das sie aufzählte, legte sie ein Steinchen auf den Boden. Schließlich sah es so aus:

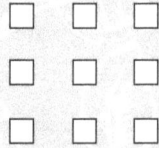

Mahuna sah sie mit großen Augen an. »Nun gibt es wirre Gedanken, die mal dahin und dorthin gehen, und geradlinige«, fuhr

Kurma fort. Sie zog eine wirre Linie und eine Gerade. »Die Vier Edlen Wahrheiten sind geradlinige Gedanken – und einer folgt dem anderen. Und es sind vier, weil sie die neun Fehler auslöschen können.« Mahuna begriff gar nichts. »Ich spreche nicht nur in Bildern, sondern wohl auch in Rätseln. Machen wir ein einfaches Rätsel daraus: Kannst du die neun Punkte mit vier geraden, zusammenhängenden Linien verbinden, ohne abzusetzen?«

Wenn Sie diese Aufgabe zum ersten Mal sehen, werden Sie wahrscheinlich erst ein bisschen herumprobieren, dann glauben, dass es mit vier Linien nicht geht – und dann, irgendwann, wie »erleuchtet«, die Lösung finden. Dann aber werden Sie ziemlich überrascht sein, wie einfach die Lösung ist. Das Entscheidende bei einer solchen »Erleuchtung« ist dies: Die Lösung kommt unerwartet, plötzlich und überraschend. Es ist wichtig, sich auf die Suche zu machen, doch geht es bei dieser Suche nicht voran. Es ist entscheidend, dass Sie *versuchen*, die Aufgabe zu lösen. Wenn der Geist »beweglich« wird, kommt die Lösung von selbst.

Kreativ zu sein heißt, bewusst eine Bewegung in das bereits Bekannte zu bringen, sodass etwas Neues, noch nicht genau so Dagewesenes in die Welt kommt. Und das ist jedem Menschen möglich. Einfach, indem er etwas anders tut als bisher. Indem er seine geistige Welt ein wenig in Bewegung versetzt.

Geheimnis IV – Wandlungsfähigkeit

 *Kurma spricht: »Nur zwölf Töne – doch die Musik des Himmels! Nur fünf Farben – und doch die ganze bunte Welt!«*

Wir haben uns auf den vorausgegangenen Seiten überlegt, dass Bewegung zum Leben, ja sogar zum Sein gehört – insbesondere aber zur Kreativität. Wandlungsfähigkeit und Beständigkeit sind keine Gegensätze, sondern ergänzen sich gegenseitig: Wirklich wir selbst können wir nur bleiben, wenn wir uns verändern, da die Welt in stetigem Fluss ist.

 *Wieder einmal war es Winter geworden; der Boden war gefroren und mit einer dünnen Schneeschicht bedeckt. Mahuna fragte Kurma: »Die Gänse fliegen in den Süden – sind wir nicht besser, da wir uns der Kälte anpassen?« Kurma sprach: »Mein Lieber, glaubst du wohl, du hast dich entschieden, dir keine Flügel wachsen zu lassen, um in der Kälte auszuharren? Meinst du wohl, die Gänse haben sich entschlossen, kein Winterfell anzulegen, um die anstrengende Reise anzutreten?«*

Ein vollendeter Meister in den Kampfkünsten wird seine Kraft nie gegen die des Angreifers setzen, denn dann wird stets der mit der größeren Kraft siegen. Vielmehr wird er seine Bewegungen denen des Angreifers anpassen, sodass dieser ins Leere geht, wenn er angreift, und seine Kraft auf ihn zurückgeworfen wird, wenn er zurückweicht. So kann der Schwächere mit der besseren Wandlungsfähigkeit den Starken bezwingen.

Wenn uns Umstände begegnen, die stärker sind als wir, tun wir gut daran, wie der Meister in den Kampfkünsten zu handeln und nicht wie der rohe Tölpel – und auch nicht wie ein schwächlicher Greis.

Und leider sind die Umstände ja nur zu oft stärker als wir. Beispielsweise wenn wir in einem Job festsitzen, den wir nun einmal benötigen, um unsere Familie zu ernähren und den wir auch in einer Zeit der hohen Arbeitslosigkeit nicht leichtfertig aufs Spiel setzen können. Wir können mit roher (Willens-)Kraft an die Sache gehen: nach oben buckeln, nach unten treten; rücksichtslos jede Gelegenheit nutzen; Intrigen schmieden und mobben, was das Zeug hält. Oder wir lassen uns nach Belieben knechten und ausnutzen; leisten freiwillig Überstunden, lecken noch den letzten Stiefel und hoffen darauf, dass wir so unseren Job sichern. Beide Strategien können möglicherweise dazu führen, dass wir diesen Job weiter ausüben. Beide Strategien werden aber mit Sicherheit dazu führen, dass wir uns unwohl in unserer Haut fühlen, Magengeschwüre entwickeln und unsere Lebensfreude verlieren.

Die Meisterstrategie hingegen wäre: Nach den Aspekten des Jobs suchen, die positiv sind, und nach den Dingen, die man in diesem Job gern tut ...

Aus Kurmas Übungen:
Liebe, was du tust

Sie quälen sich in Ihrem Job? Vielleicht ist es ja nicht ganz so schlimm; aber es gibt viel zu viele Menschen, die ihre Arbeit unzufrieden machen. Meist ist es jedoch gar nicht wirklich die Arbeit, die das »macht«. Oder andersherum: Wenn Sie lernen können zu lieben, was Sie tun, ist es eigentlich nicht mehr so wichtig, wie Ihre Arbeit aussieht. Das ist nun natürlich leichter gesagt als getan – aber es gibt doch mehr Möglichkeiten, als Sie vielleicht zunächst denken, um deutlich mehr Erfüllung in seine beruflichen Tätigkeiten zu zaubern:

Der Weg der Kreativität: Suchen Sie nach Möglichkeiten, das, was Sie tun, möglichst kreativ zu tun. Egal, was Sie tun: programmieren oder putzen.

Der Weg der Kommunikation: Suchen Sie nach Möglichkeiten, mit den Menschen, denen Sie in Ihrem Beruf begegnen, befriedigend zu kommunizieren.

Der Weg der Meditation: Versuchen Sie, alles in einer meditativen Haltung zu tun. Das bedeutet nicht etwa langsam und schläfrig, sondern vollkommen wach und bewusst im Hier und Jetzt.

Der Weg der Entwicklung: Versuchen Sie an dem, was Sie tun, zu wachsen. Betrachten Sie alle Schwierigkeiten als Herausforderungen auf Ihrem Weg.

 Der Weg der Neugier: Nutzen Sie Ihren Wissensdrang, und versuchen Sie alles, was mit Ihrer Arbeit und Ihrem Arbeitsplatz zu tun hat, in Erfahrung zu bringen.

 Der Weg der Perfektion: Entwickeln Sie Stolz auf das, was Sie tun, indem Sie alles, was Sie tun, so gut tun, wie es nur geht.

Das sind nur ein paar Vorschläge. Suchen Sie nach dem in Ihrem Tun, was Sie glücklich macht. Dadurch »ermächtigen« Sie sich und werden vom Opfer zum aktiven Gestalter Ihres Schicksals.

Die Einstellung zur eigenen Arbeit ist eine der vielen Meinungen, die Menschen pflegen – oft zu ihrem Nachteil. Die meisten Menschen haben zu den unterschiedlichsten Dingen eine feste Meinung – beispielsweise zur Gentechnologie. Ist die Meinung erst einmal da, so neigt sie dazu, unbeweglich zu werden: Argumente, die sie stützen, bestätigen die Meinung – Gegenargumente aber auch, da sie als unglaubwürdig, falsch informiert, ideologisch, naiv oder voreingenommen angesehen werden.

Diese Erstarrung der Meinung ist ziemlich unpraktisch, da wir ja selten alles wissen. Wie können wir geistig beweglich bleiben, ohne gleich jeden Unsinn zu glauben? Wir können sehr viel gewinnen, wenn es uns gelingt, unsere Meinung offen für Wandel zu halten und gleichzeitig fest zu unseren Werten zu stehen. Was zunächst vielleicht sehr schwierig oder möglicherweise sogar paradox erscheint, ist in Wirklichkeit gar nicht so schwer.

Es gelingt ganz einfach – indem wir uns angewöhnen, auch für die Gegenseite zu argumentieren! Indem wir nicht nur nach Aussagen, die unsere »Theorien« bestätigen, suchen, sondern ganz gezielt nach solchen, die ihr widersprechen. Die Hauptschwierigkeit liegt dabei darin, der Versuchung zu widerstehen, Dinge, die unserer »Meinung« widersprechen, sofort zu widerlegen. Wenn wir uns ganz darauf einlassen und – wie in einem Spiel – den *advocatus diaboli*, den »Anwalt des Teufels«, spielen, gelingen uns mitunter erstaunliche Einsichten. Wir werden dadurch auf Schwachstellen unseres Standpunktes aufmerksam, können über diese Schwachstellen nachdenken und an ihnen arbeiten, können anderen verständnisvoller begegnen und überzeugendere Argumente finden. Anstatt hilflos der anderen Meinung gegenüberzustehen, lernen wir die Stärken und Schwächen der Gegenposition kennen und können uns selbst eine viel fundiertere Meinung bilden.

Eine flexible Meinung schafft einen starken Standpunkt – wer kann Sie angreifen, wenn Sie beweglich bleiben? Vor allem aber gewinnen wir Gelassenheit.

Ganz besonders hilfreich ist die Flexibilität der Meinung im Umgang mit anderen Menschen. Sicherlich kennen Sie die

Volksweisheit, dass der erste Eindruck oft der entscheidende ist. Das mag wohl so sein. Doch auch wenn das erste Gefühl einem Menschen gegenüber *oft* entscheidend sein mag, so doch erstens nicht *immer* – und zweitens heißt das ja auch nicht, dass das erste Gefühl richtig war. Oft sagt uns unser Gefühl das Richtige. Oft, aber nicht immer. Und wenn es das Richtige sagt, so doch nur das *im Augenblick* Richtige. Dass wir später nicht selten meinen, unser Gefühl hätte uns nicht getrogen, hängt *auch* damit zusammen, dass wir uns zu Sklaven unseres ersten Eindrucks machen.

Aber ist das nötig? Was können wir dadurch gewinnen? Wir vergeben uns und dem anderen die Möglichkeit, mehr zu erfahren. Wir gewinnen, indem wir gerade bei unseren Mitmenschen die Kunst der Wandlungsfähigkeit kultivieren. Der erste Eindruck trügt ebenso oft, wie er richtig ist. Wir lernen einen Menschen in seiner ganzen Vielschichtigkeit nicht kennen, indem wir ihm einmal begegnen, sondern indem wir ihn kennen *lernen*.

Freilich ist es schwierig, sich von dem Diktat des ersten Eindrucks zu befreien. Und doch gelingt es, wenn wir uns eine einfache Technik zu eigen machen: Neben allem Negativen, das wir empfinden mögen, wissen wir, dass jeder bei allem, was er tut, irgendeiner *positiven Absicht* folgt. Er versucht irgendeinen seiner Werte zu verwirklichen. Wir müssen erst einmal nicht wissen, was das genau ist. Es hilft aber, wenn wir uns bei allem, was uns negativ erscheint, Umstände vorstellen, die uns ebenso handeln ließen.

Es begegnet Ihnen beispielsweise auf einer Party ein Mensch, der sehr missmutig dreinblickt, offensichtlich einen über den Durst trinkt und mit Ihrer besten Freundin einen Streit über Religion beginnt. »Was für ein Unsympath!«, denken Sie wahrscheinlich. Wenn Sie aber kurz darauf erfahren, dass Peter sonst nie trinkt, aber dass sein bester Freund an diesem Tag gestorben ist, sieht doch die Sache schon ein wenig anders aus. Wenn Sie nun noch hören, dass er Arzt ist, der freiwillig für Obdachlose arbeitet und nie ein böses Wort über andere verliert, könnte es durchaus sein, dass Ihr erster Eindruck Sie getrogen hat …

Und wenn Sie all das nicht erfahren, sondern sich nur vorstellen, dass es immerhin so sein könnte? Dann werden Sie zulassen, dass Sie Peter in einer anderen Situation kennen lernen und vielleicht wirklich einen netten Menschen treffen.

Dass wir uns unseres Wissens nie vollkommen sicher sein können, macht manche Menschen unsicher; sie fühlen, dass sie auf schwankendem Boden stehen. Da nicht sein kann, was nicht sein darf, beginnen sie dann, ihrem Geist Fesseln anzulegen, damit er sich nicht auf den Weg ins Ungewisse macht. Das Wissen um die eigene Fehlbarkeit ist jedoch eine der größten Stärken des Menschen, kein Grund zur Resignation. Immer gibt es Neues zu entdecken, Wunder gibt es überall. Selbst in der trostlosesten Lage kann das Wissen, nicht alles zu wissen, Trost geben – denn nie werden wir wissen, ob eine ausweglos scheinende Lage wirklich ausweglos ist. Der Urzweifel des Philosophen ist ein Blick in eine endlose Freiheit.

Freilich nur dann, wenn er nicht vergisst, auch das Zweifeln selbst dann und wann infrage zu stellen. Glaube und Zweifel sind wie

Beständigkeit und Wandlungsfähigkeit keine Gegensätze. Große Mystiker – Laozi, Meister Eckhart oder Raymond Smullyan – waren oft gleichzeitig exzellente Logiker …

 *Mahuna hatte zum ersten Mal in seinem Leben das Gefühl, dass es nicht immer gut wäre, unbeirrbar seinen Weg zu gehen. Das irritierte ihn, aber gleichzeitig spürte er, wie er freier wurde und wie ein unsichtbares Joch (das er aus Prinzip niemals freiwillig getragen hätte) von ihm genommen war. Mit einem ganz neuen Gefühl der Bescheidenheit ging er zu Meisterin Kurma und fragte: »Kurma, Ihr habt mich gelehrt, von meiner Engstirnigkeit abzugehen. Nun sehe ich, dass sich die Welt vor mir öffnet und das ist erschreckend. Ich weiß nun nicht: Ist es nicht auch Eigensinn, wenn ich stur weiter den Weg des immer neuen Lernens gehe?« Kurma jubelte: »Mein Lieber, du machst mir eine große Freude! Denn du hast mit deinem Herzen erkannt, dass auch unablässige Veränderung Stillstand sein kann. Beständigkeit und Wandlungsfähigkeit sind keine Gegensätze, sondern zwei umschlungene Tänzer.«*

Lernen heißt wandlungsfähig sein. Sicherlich leuchtet jedem ein, dass Lernen eine Veränderung bedeutet – doch wie weit diese Veränderung geht, unterschätzen die meisten. Alles Neue, das wir aufnehmen und verarbeiten, verändert unsere Wahrnehmung und unsere Welt. Wenn wir etwas »aufnehmen«, tun wir das nicht wie ein Videorekorder, und wenn wir etwas »verarbeiten«, tun wir das nicht wie ein Computer. Videorekorder und Computer bleiben dieselben, wenn sie ihre Arbeit des Aufnehmens und Verarbeitens verrichtet haben. Nicht so wir Menschen.

Es ist natürlich schwierig, diese Veränderungen in uns selbst zu spüren. Sie finden in der Regel unmerklich und allmählich statt. Doch wahrscheinlich können auch Sie sich an einschneidende Lernerfahrungen erinnern, die Sie in kurzer Zeit verändert haben – beispielsweise Ihren ersten Liebeskummer. Manche Erfahrungen verändern uns sogar so, dass Sie unsere Wahrnehmung der Welt völlig auf den Kopf (oder auf die Füße) stellen. Menschen, die ein »Erleuchtungserlebnis« hatten, die ihren eigenen Tod erlebten und wieder ins Leben zurückgebracht wurden oder die von einer lebensbedrohlichen Krankheit genasen, berichten oft davon. Auch wenn solche Ereignisse es sehr deutlich bewusst machen – letztlich verändert uns jede Erfahrung.

Bei anderen sind Veränderungen leichter zu erkennen: beispielsweise bei Kindern. Ist es nicht erstaunlich, dass ein Kind nur durch beiläufiges Hören und Nachahmen eine Sprache perfekt lernen kann?

Was sich beim Lernen in uns verändert, ist auf unterster Ebene unser Gehirn selbst. Gefühle, Bilder, Erinnerungen, Gedanken, Wahrnehmungen zeigen sich im Gehirn als Nervenimpulse, die in für sie jeweils charakteristischen Nervenbahnen verlaufen. Dabei werden chemische Stoffe ausgeschüttet, die das Wachstum von Nervenverzweigungen fördern. Wenn wir nun eine bestimmte Erfahrung wiederholen, bilden sich individuelle neue Verzweigungen – ein neuer Nervenpfad entsteht. Wir haben etwas gelernt.

Zunächst sind diese neuen Pfade durch den Neuronendschungel des Gehirns klein und verkümmern rasch, wenn sie nicht benutzt werden. Wenn wir sie jedoch häufig nutzen, werden sie zu »Autobahnen«, auf denen die Gedanken, Gefühle, Bilder und Wahrnehmungen ungehindert vorankommen.

Lernen verändert uns also tatsächlich in unserem Innersten. Wenn wir uns nicht verändern würden, könnten wir gar nicht lernen.

 *Kurma spricht: »Und sollte einer auch einst die vollkommenste Wahrheit verkünden – wissen könnte er's nicht. Es ist alles durchwebt von Vermutung.«*

In diesem Abschnitt haben wir überlegt, dass ein wichtiger Teil der Wandlungsfähigkeit die Fähigkeit zu lernen ist – und dass das Lernen uns und unser Gehirn verändert. Um lernen zu können, müssen wir wandlungsfähig sein – das heißt, uns von vorgefassten Meinungen befreien, geistige Scheuklappen ablegen und uns der Vielfalt der Welt öffnen. Je offener wir der Welt gegenüberstehen, desto weniger wird sie uns in unruhige Bewegung versetzen, desto mehr werden wir Ruhe in uns selbst finden.

Die Möglichkeiten, die die Welt uns bietet, sind endlos vielfältig.
Wir können uns nicht vorstellen, was es alles gibt. Wir können uns nicht einmal vorstellen, was wir uns vorstellen könnten – bis wir es tun.

Wir haben einen Trieb in uns, der so stark ist wie der Nahrungs- oder Geschlechtstrieb: Es ist der Drang, geistig-seelisch zu wachsen. Unser ganzer Geist ist so angelegt, dass er ständig nach Sinn, nach Verstehen, nach neuen Möglichkeiten sucht. Seelische Entwicklung ist das Lebensprinzip des Menschen. Dieser Drang zu lernen, ist nicht »zufällig« im Menschen so stark. Schon auf biologischer Ebene ist er sinnvoll. Unser im Vergleich mit den meisten anderen Lebewesen dieses Planeten großer Verstand hat die Aufgabe, Sinn in die Welt zu bringen und zu verstehen. Das ist ein gewaltiger Vorteil in einer ansonsten zufälligen und chaotischen Welt, die sich stets ändert. Je mehr wir uns bemühen zu erkennen, je offener wir für Neues sind, desto mehr Bewegungsspielraum verschaffen wir unserem Geist. Unsere Freiheit wird umso größer, je wandlungsfähiger wir sind.

Bei der Suche nach einem Arbeitsplatz ist selbstverständlich: Je mehr Kenntnisse einer hat, desto einfacher wird es für ihn, eine Stelle zu finden. Bei der Suche nach einem erfüllten Leben ist es nicht anders. Dann geht es jedoch nicht um klar umrissene Tätigkeiten, Aufgabengebiete, Zeugnisse oder akademische Grade, sondern um die Kenntnis des Lebens. Je mehr einer

Geheimnis IV – Wandlungsfähigkeit

die Welt, das Leben, andere und vor allem sich selbst kennt, desto einfacher wird es für ihn werden, seinen Platz im Leben zu finden.

Das Geheimnis der Wandlungsfähigkeit besteht darin, den Geist zu bewegen und dabei nicht aus der Mitte zu kommen. Das Geheimnis liegt in der Kunst, die Harmonie zwischen dem Innen und dem Außen herzustellen – und dazu muss es erst einmal in uns harmonisch zugehen.

Meist herrscht ein rechtes Durcheinander in uns. Ein Teil will dies, ein anderer Teil etwas anderes. »Zwei Seelen wohnen, ach! in meiner Brust, die eine will sich von der andern trennen ...« heißt es bei Goethe. Meistens sind es sogar mehr als zwei Seelen, die in unserer Brust wohnen – doch wie viele Seelen es auch sind: Immer sind es wir selbst. Oder besser gesagt, das, was wir »Ich« nennen, ist das Zusammenspiel verschiedener innerer Persönlichkeitsteile. Innere Widersprüche, das Gefühl des Hin-und-Hergerissenseins erleben wir, wenn unsere Persönlichkeitsteile nicht miteinander, sondern gegeneinander arbeiten. Beispielsweise sagt der Genießer in uns: »Jetzt ein Gläschen Wein, das wäre doch herrlich!« und sofort meldet der Kritiker: »Nein! Jetzt muss die Arbeit getan werden!«. Wir nehmen beide Stimmen wahr und es entsteht ein Druck. Vielleicht ist das Problem leicht zu lösen (beispielsweise die Arbeit schnell tun und dann ein Weinchen trinken), doch selbst dann ist es nicht immer leicht, die »vernünftige« Lösung umzusetzen. Die beiden (oder mehr) Teile unserer Persönlichkeit wollen einfach nicht zusammenarbeiten.

Das liegt in der Regel daran, dass unsere Persönlichkeitsteile nicht gut miteinander kommunizieren. Jeder Teil unseres Selbst, auch unsere »Schattenseite«, hat eine positive Absicht. Immer. Doch die Mittel, um diese positive Absicht umzusetzen, sind oft nicht mehr aktuell (wenn beispielsweise ein Erwachsener mit kindlichen Mitteln versucht, Aufmerksamkeit zu bekommen) oder nicht mit anderen Persönlichkeitsteilen vereinbar.

Es ist wie in einer großen Firma: Je besser die Mitarbeiter miteinander sprechen, je besser sie sich und ihre Aufgaben kennen, desto besser, runder, erfolgreicher und problemloser wird die Firma laufen. Nicht anders bei der »Ich-AG«, die von unseren Persönlichkeitsteilen gebildet wird.

Um die innere Kommunikation zu verbessern, gibt es drei entscheidende Regeln:

1. Nimm alle Teile deiner Persönlichkeit ohne Vorbehalt an. Jede hat eine positive Absicht!
2. Jeder Versuch, einen Teil des eigenen Selbst zu unterdrücken und seine positive Absicht nicht zu würdigen, löst innere Konflikte aus.
3. Bei inneren Konflikten sollte sich die Suche nach Lösungen auf die Suche nach anderen Möglichkeiten, die positive Absicht zu verwirklichen, beziehen.

Im Idealfall arbeiten alle Teile einer Person zusammen. Sie erlebt keine inneren Konflikte, ruht geborgen in sich selbst, löst von außen kommende Schwierigkeiten mit dem gesamten Potenzial, das in ihr steckt, und hat eine enorme Bandbreite an Möglichkeiten.

Es lohnt sich, sich selbst besser kennen zu lernen. Jeder Teil unseres Selbst hat wichtige Fähigkeiten, Einsichten, Möglichkeiten, Freuden … Warum sollten wir uns nicht mit uns selbst befreunden?

Aus Kurmas Übungen:
Bewegtes Stehen

Stillstand ist nicht wirklich möglich: Wenn Sie still stehen, arbeiten Ihre Muskeln ständig, um das Gleichgewicht zu halten. Dessen sind wir uns selbstverständlich in aller Regel nicht bewusst – doch es kann sehr interessant sein, das Bewusstsein darauf zu richten: Dadurch erfahren Sie am eigenen Körper, dass zur stabilen Harmonie Bewegung gehört. Dazu können Sie einmal drei kurze Übungen ausprobieren:

Mit geschlossenen Augen stehen. Sie werden schon bei dieser einfachen Übung feststellen, wie sehr Ihre äußere Stabilität von Ihrer inneren Ruhe abhängt.

Vollkommene Balance. Stehen Sie so entspannt wie möglich; nur die Muskeln, die zum Stehen unabdingbar sind, sind aktiv. Heben Sie nun langsam einen Arm seitlich an, und versuchen Sie, die Spannung aller anderen Muskeln nicht zu verändern. Ist Ihnen das gelungen? Wenn ja: Wiederholen Sie die Übung und achten Sie ganz genau auf Ihren Körper. Wenn Sie nämlich nicht mit anderen Muskeln gegensteuern, würden Sie umfallen, da Sie Ihren Schwerpunkt verschieben, indem Sie den Arm heben!

Die Baumstellung. Diese Übung stammt aus dem Hatha-Yoga und ist ideal, um innere Ruhe zu entwickeln – die bewegte Stille. Sie stehen dabei auf einem Bein und legen die Fußsohle des anderen Beines an die Oberschenkelinnenseite. Führen Sie Daumen und Zeigefinger zusammen, drehen Sie die Handflächen nach vorn und heben Sie die Arme ein wenig seitlich an. Bleiben Sie mindestens eine Minute lang in der Stellung und wiederholen Sie sie dann auf dem anderen Bein.

Es gibt mehrere Formen des Gleichgewichtes. Ein Fahrrad kann beispielsweise flach auf dem Boden liegen; es ist auf der niedrigsten Ebene, kann nicht mehr tiefer fallen, hat seine Funktion verloren. Man kann das Rad aber auch balancieren, sodass es auf seinen Reifen steht. Solange niemand anstößt, kann man (mit viel Geschick) diese Position bewahren. Doch schon eine kleine Veränderung von außen stört die Harmonie und bringt das Rad zu Fall. Ein fahrendes Rad hingegen ist viel stabiler. Nicht obwohl, sondern gerade weil es in Bewegung ist. Und mit dem Fahrrad zu fahren ist nicht nur eine weitere Möglichkeit, eine stabile Harmonie herzustellen, es ist vor allem der Sinn dieser Sache.

Wenn wir in uns die Harmonie des liegenden Fahrrads wollen, haben wir uns und die Suche nach dem Sinn unseres Lebens aufgegeben, haben resigniert und warten nur noch auf das Ende, das doch schon eingetreten ist. Wollen wir das Rad im Stehen balancieren, hoffen wir, mit Anstrengung und Mühe das Erreichte zu bewahren, in der berechtigten Furcht, irgendwann einmal die Balance zu verlieren. Sind wir dagegen bereit, uns der Bewegung des Lebens hinzugeben, werden wir erkennen, dass die Wandlungsfähigkeit unser Leben bereichert, uns zu neuen Orten bringt und uns Erfüllung verschafft.

KURMAS LOB DES EWIGEN WANDELS

Das Weiche überwindet das Harte,
das Nachgiebige überdauert das Starre:
Im Unterwerfen bewahrt es sich ganz,
ist unveränderlich in seinem Wesen,
weil es im ewigen Wandel ganz es selbst ist.

KURMAS GEHEIMNISSE

Gelassenheit. Nimm die Dinge nicht zu wichtig – vor allem aber nicht dich selbst!

Langsamkeit. Eile steht der Vollkommenheit im Weg. Willst du dein Ziel erreichen – mach einen Umweg!

Beständigkeit. Vollende, was du beginnst. Beginne damit, deinem Herzen zu folgen!

Wandlungsfähigkeit. Was nachgiebig, wandlungsfähig und flexibel ist, kann nicht gebrochen werden und bewahrt sein wahres Wesen!

Lösung für die Übung auf S. 162

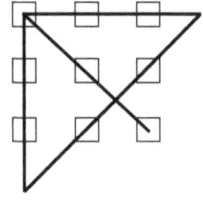

Geheimnis IV – Wandlungsfähigkeit

5 GENÜGSAMKEIT

*Das Geheimnis,
leicht und schnell zufrieden zu sein*

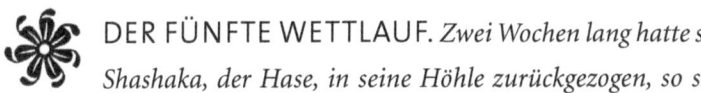**DER FÜNFTE WETTLAUF.** *Zwei Wochen lang hatte sich Shashaka, der Hase, in seine Höhle zurückgezogen, so sehr schämte er sich, abermals gegen die alte Schildkröte ein Rennen verloren zu haben. Allmählich aber erwachte sein alter Ehrgeiz, und er begab sich abermals zu Meisterin Kurma, um sie erneut herauszufordern. Kurma empfing ihn, wie immer freundlich lächelnd, und sagte zu. »Lass uns diesmal jedoch ein Stück weiter laufen«, sprach die Meisterin. »Sicherlich kannst du dann Unglücksfälle ausgleichen.« Shashaka riss seine Augen auf, denn genau das hatte er ohnehin vorschlagen wollen. Sie vereinbarten also, am nächsten Morgen über die drei Berge, das grüne Grasland und die lange Felsenschlucht zu laufen. Und so begann, als die Sonne aufging, der fünfte Wettlauf.*

Schon bald hatte Shashaka einen großen Vorsprung. Keine Müdigkeit, kein Unwetter, keine Ablenkung und kein Fluss hinderten seinen Lauf. Doch nachdem er die drei Berge überquert hatte, war er durstig. Er begann nach einem Wasserloch zu suchen. Als er es endlich gefunden hatte, war das Wasser so köstlich und süß, dass er trank und trank, bis sein Bauch fast den Boden berührte. Er lief wieder los und das Wasser schwappte in seinem Bauch hin und her, sodass er nur sehr langsam vorankam. Aber er hatte ja einen großen Vorsprung. Als er über das grüne Grasland hoppelte, stieg ihm der Duft saftiger Kräuter in die Nase. Er stellte sich vor, wie köstlich sie schmeckten. Ein kleiner Imbiss konnte ja auch nicht schaden! Er probierte dieses Kraut und jenes und dann noch einmal von dem ersten ... Er fraß und fraß, bis er nicht mehr konnte. Ihm war bereits etwas übel; doch er quälte sich mit eisernem Willen voran. Er wurde langsamer und der Lauf kostete ihn

immer mehr Kraft. »*Nur noch die lange Felsenschlucht*«, *sagte er sich. Die Schlucht war kalt und ohne Leben und sein Bauch schmerzte. Nicht einmal die Hälfte der Schlucht hatte er überwunden, als er besinnungslos liegen blieb. Dort fand ihn einen halben Tag später Kurma. Sie lud sich den Hasen auf den Rücken und trug ihn aus der Schlucht.*

So gewann Kurma, die Genügsame, indem sie ihre Begierden im Zaum hielt, auch den fünften Wettlauf.

Wer wünscht sich nicht alles Mögliche? Sicher haben auch Sie so einige erfüllbare und (wahrscheinlich) unerfüllbare Wünsche: einen guten Job, einen liebevollen Partner, Gesundheit, verlässliche Freunde, ein Häuschen am See, ein tolles Auto – oder gar den Jackpot im Lotto ... Es wäre schon sehr erstaunlich (und sehr erfreulich), wenn Sie wirklich wunschlos glücklich wären. Dass wir uns gern ausmalen, was wir alles für schöne Dinge, Eigenschaften, Fähigkeiten und Zustände haben könnten, ist völlig natürlich. Und dann wollen wir uns diese Dinge natürlich nicht nur vorstellen, sondern hätten sie auch gerne *tatsächlich*.

Wenn wir vergleichen, was wir uns wünschen und was wir haben, bemerken wir einen Unterschied. Und dieser Unterschied ist nicht erfreulich. Wir stellen fest, dass uns etwas fehlt.

Vahari, das Schwein, war nicht zufrieden. Eigentlich war sie nie so richtig zufrieden. Als ihre Freundin Pikki, die Feldmaus, von Kurma erzählte, suchte sie die Meisterin auf und klagte: »*Es gibt so viel Schönes. Im Augenblick stelle ich mir vor, wie ein ganzer Haufen saftiger Eicheln, gemischt mit ein paar Trüffeln und Zuckerrüben ... Ach, wäre das herrlich!« Ihr lief das Wasser im Mund zusammen und ihre Augen glänzten. Doch dann ließ sie den Rüssel traurig hängen. »Nie bekomme ich wirklich das, was ich mir vorstelle!« Kurma lächelte und sprach: »Ja, das ist freilich bitter, sich so etwas Unangenehmes vorstellen zu müssen!«*

Unangenehm? Ist es denn unangenehm, sich etwas Schönes vorzustellen? Es müssen ja nicht gerade Eicheln sein ... Nein – natürlich ist es erst einmal sehr angenehm, von schönen Dingen zu träumen. Das Problem ist nur, dass wir schnell merken, dass uns das, wovon wir so sehnsüchtig träumen, fehlt, sobald wir »die Augen wieder öffnen«. Und so entstehen selbst aus wunderbaren Vorstellungen letztlich doch oft unangenehme Gefühle.

Ist das nicht ärgerlich? Wir sehen das Schöne vor unserem inneren Auge, doch wenn wir dann die Augen öffnen, ist es nicht mehr da! Und dann? Dann haben wir verschiedene Möglichkeiten:

- Wir sind traurig und frustriert.
- Wir verschließen die Augen vor der Wirklichkeit.
- Wir versuchen um jeden Preis das zu bekommen, was wir uns vorgestellt haben.

Diese Alternativen sind nicht sehr attraktiv. Wer ist schon gern traurig und frustriert? Die Augen vor der

Realität zu verschließen, bringt offensichtlich auch Schwierigkeiten mit sich: Wer versucht, mit geschlossenen Augen eine befahrene Straße zu überqueren, wird das schnell verstehen. Und was ist mit der dritten Möglichkeit? Immerhin scheint sie noch am ehesten dazu zu führen, dass wir das bekommen, was wir gern hätten. Deshalb ist das auch diejenige Alternative, die die meisten Menschen wählen.

Dabei gibt es nur ein Problem: Wenn unser Wunsch nicht im Einklang mit unseren wahren Bedürfnissen steht – sollten wir dann wirklich versuchen, diesen Wunsch *um jeden Preis* zu erfüllen?

Wer sich den Wunsch nach jeder leckeren Speise erfüllen will (wie Vahari, das Schwein), wird bald vor einer Reihe von Unannehmlichkeiten stehen. Mit Sicherheit wird er wohl bald ziemlich dick sein ...

Meist sind die Probleme aber nicht so offensichtlich:

Carl wünscht sich einen neuen Porsche. Zweifellos ein schickes Auto. Nicht ganz billig, aber Carl ist bereit, hart dafür zu arbeiten. Nach zwei Jahren (er hat einen wirklich guten Job!) kann er sich sein Traumauto leisten. Seine Vorstellung von seinem Traumwagen hat also dazu geführt, dass er sich angestrengt und sein Ziel schließlich erreicht hat.

Oder?

Was war Carls Vorstellung? Nur ein schönes Auto? Oder aber das Ansehen, die Bewunderung, den Sex -

appeal, die der Wagen repräsentiert? Falls das so war, hat seine Vorstellung wahrscheinlich dazu geführt, dass er zwei Jahre seines Lebens dem falschen Ziel hinterhergelaufen ist. So toll der Sportwagen ist – er hat Carl weder sexy noch bewundernswert noch beliebt gemacht. Und glücklich wahrscheinlich auch nicht (abgesehen von der ersten Woche).

Dass uns unsere Vorstellung antreibt, ist also nicht immer gut. Wenn wir uns etwas als erstrebenswert vorstellen, treibt uns die Vorstellung zwar voran – aber eben nicht unbedingt in die Richtung, in die unser Herz will.

Vahari rümpfte verwirrt ihren Rüssel. »Meisterin Kurma, Ihr meint also, das Problem ist, dass ich mir so leckere Eicheln und Trüffel und ... oje ...« Ihr lief schon wieder das Wasser im Mund zusammen. »... vorstelle? Ja, ich würde diese Dinge ja auch lieber haben, als sie mir nur vorzustellen! Meint Ihr also, ich muss mich mehr anstrengen?« Darauf Kurma: »Ach, meine Liebe, keine Speise schmeckt so gut wie die, die du dir vorstellst!«

»Vorfreude ist die höchste Freude« ist nicht nur ein Sprichwort, sondern eine Einsicht in die Funktion des menschlichen Gehirns. Bei der Vorstellung schöner Dinge schüttet unser Gehirn Glückshormone aus. Und dann kommen wir leicht auf die Idee, dass, wenn die Vorstellung schon so schön ist, die Realität ja noch viel, viel schöner sein müsste.

Dass dem nicht so ist, kann jeder leicht an sich selbst ausprobieren. Unternehmen Sie doch einmal eine kleine Reise in die Vergangenheit. Können Sie sich noch daran erinnern, wie schön Sie sich Ihren letzten Urlaub ausgemalt haben? Sicherlich haben Sie auf die Urlaubstage hingefiebert, sich ausgemalt, wie Sie am Strand liegen und die Sonne genießen (oder an einem norwegischen Fjord die Stille). In Ihrer Vorstellung entstand das Paradies. Doch das Paradies ist so leicht nicht zu finden: Egal wie weit wir fahren – wir nehmen doch immer uns selbst mit.

Hoffentlich war Ihr Urlaub schön und Sie konnten sich erholen und den Tapetenwechsel genießen. Doch ziemlich sicher ist, dass die Reise, so wunderbar sie auch war, auch wieder nicht so perfekt ablief wie die Reise, die Sie zuvor in Ihrer Vorstellung gemacht haben.

Je stärker die Vorstellung, desto schwächer die Wirklichkeit! Am deutlichsten wird das vielleicht bei der Vorstellung eines neuen Lebenspartners, wenn man gerade einsam ist. Da wird der vorgestellte neue Partner zur Quelle des Glücks. Selbst bei großer Lebenserfahrung und aller Skepsis: Der nächste Partner wird vielleicht nicht perfekt sein – aber es wird wunderbar sein, nicht mehr allein zu sein, die Nähe zu spüren, gemeinsam etwas zu unternehmen … Und wiederum: Hoffentlich kommt Ihr Lebenspartner all dem nahe – aber Ihre Vorstellungen wird er nie (vollkommen) erfüllen. Ihre Vorstellung ist einfach vollkommener als die Realität.

 *Kurma versuchte, Vahari zu trösten. Das arme Schweinchen war ganz verwirrt. Sollte es denn ganz vergebens*

sein, das Schöne, das sie sich vorstellte, zu erreichen? War dann nicht alles sinnlos? »Meisterin«, sagte sie, »was soll ich denn tun? Es ist einfach meine Art, mir leckere Speisen vorzustellen. Vielleicht ist es ja wirklich so, wie Ihr sagt – meine Vorstellung wird immer schöner sein als das Ziel selbst. Aber ohne die Vorstellung wird mein Leben leer ...« Kurma darauf: »Halte die Vorstellung klein, dann wird das Ziel größer. Wähle dein Ziel so, dass dein Herz danach strebt, nicht deine Einbildungskraft!« Vahari blinzelte zunächst ein wenig verwirrt, aber langsam stahl sich ein Lächeln auf ihr Gesicht.

Etwas zu erreichen kann mehr oder weniger befriedigend sein. Aber ein Gesetz scheint sich fast immer zu bewahrheiten: Je intensiver unsere Vorstellung von etwas ist, desto weniger intensiv werden wir die Wirklichkeit erleben. (Das gilt ja auch, wie wir schon gesehen haben, wenn wir uns etwas besonders schlimm, anstrengend oder qualvoll vorstellen: Auch dann wird die Wirklichkeit der Vorstellung nicht gerecht – nur selten ist etwas so schlimm oder anstrengend, wie wir denken!)

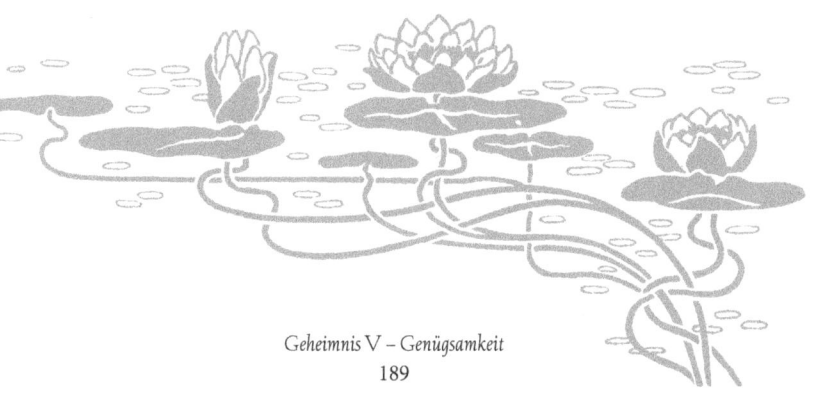

Geheimnis V – Genügsamkeit

Aus Kurmas Übungen:
Die Vorstellung klein halten

Haben Sie eine Reise gebucht? Treffen Sie sich in den nächsten Tagen mit einem Freund, gehen Sie in ein Theaterstück oder in ein gutes italienisches Restaurant? Schließen Sie die Augen und denken Sie an das angenehme Ereignis in der Zukunft. Beobachten Sie, welche Bilder dabei in Ihnen entstehen …

Machen Sie dann Ihre Vorstellungen kleiner. Befreien Sie sich von dem Übermaß des Schönen. Die Vorstellung soll nicht unbedingt negativ sein – aber auf das durchschnittliche Normalmaß zurückgeführt werden. Sie können sogar kleine Missgeschicke einbauen. Lassen Sie dann die Dinge auf sich zukommen, ohne etwas hinzuzufügen. Entwickeln Sie Offenheit und sagen Sie sich: »Was auch immer kommt – ich weiß es nicht, aber es ist für mich vollkommen richtig so.«

Diese Übung dient übrigens nicht nur dazu, Offenheit zu entwickeln, sondern sie kann uns auch vor vielen Enttäuschungen bewahren – und sie lässt uns die schönen Augenblicke mehr genießen, da sie unsere Vorstellung übertreffen.

Die erste Glücksregel lautet also: *Mach dir nicht so viel Gedanken, sondern handle lieber!*

Diese erste Regel braucht aber eine Ergänzung. Handeln ist wichtiger, als die immer gleichen Gedanken im Kopf kreisen zu lassen und Luftschlösser zu bauen, die im Wind der Wirklichkeit verwehen. Und doch kann der beste Steuermann seinen Hafen nicht erreichen, wenn er das Ziel nicht kennt.

Das Ziel gibt uns unser Herz vor. Unser Herz ist aber eben *nicht* dasselbe wie die ausufernden Vorstellungen, die uns vielleicht spontan in den Sinn kommen und die unser kreativer Verstand dann zu unerreichbaren Traumzielen aufbläst. Die Stimme des Herzens brüllt nicht, sie spricht leise. Aber sie spricht immer die Wahrheit. Damit wir sie deutlich verstehen können, muss unser Verstand ein wenig still werden.

Also hören wir doch einmal in uns hinein. Macht das Ziel, das uns so erstrebenswert erscheint, uns glücklich, wenn wir es erreicht haben? Das heißt, dass wir unsere Vorstellung ein wenig über den vielleicht ekstatischen Augenblick, in dem wir ins Ziel einlaufen, hinausgehen lassen sollten.

Nur zu oft erscheint dann zunächst eine große Leere. Das Ziel ist erreicht; das Ziel, das zuvor den Geist erfüllt hat. Diese Leere ist schwer zu ertragen. Sie ist wie ein dunkles schwarzes Loch, in das der Verstand zu stürzen droht.

Und natürlich muss dieses Vakuum dann irgendwie gefüllt werden: Das Ziel hat nur – im besten Fall – für einen Moment Glück und Zufriedenheit gebracht. Also muss es weitergehen. Wir wollen mehr. Mehr vom Selben oder mehr vom Neuen. Ständig treiben die Vorstellungen voran – zu einem Ziel, das wir nicht kennen.

Der Vielfraß, der Drogensüchtige, der Sexbesessene erlebt dies in einem endlosen Kreislauf. Der kurze Augenblick der Befriedigung versinkt, kaum dass er da ist, wieder im Nichts und verlangt nach mehr, immer mehr.

Gelingt es uns, die Stimme unseres Herzens zu vernehmen, geschieht etwas anderes. Wenn wir ein wahres Herzensziel erreicht haben, kehrt keine Leere ein, sondern Stille.

Die zweite Glücksregel lautet also: *Erforsche, was du wirklich willst – höre auf dein Herz und nicht auf die Bilder, die dein Verstand erschafft.*

Vahari hatte allmählich das Gefühl, etwas verstanden zu haben: Es gab tatsächlich Dinge, die ihr wirklich am Herzen lagen. Ein Gedanke plagte sie aber trotzdem. »Meisterin, ich verstehe, dass ich meinem Herzen folgen soll. Aber wenn ich ein Herzensziel gefunden habe, ist es dann immer noch gut, die Vorstellung klein zu halten?« Kurma dachte kurz nach. »Du bist zufrieden, wenn du hast, was du willst.«

Eine gute Beschreibung von Zufriedenheit ist: das zu bekommen, was man will. Wahrscheinlich hat fast jeder diese Vorstellung von Zufriedenheit – und beginnt dann zu überlegen, was er denn wollte. Und schon beginnt der Kopf Bilder zu produzieren, die dann verlockend vor Augen stehen.

Nun geht es aber auch anders. »Das zu bekommen, was man will, ist Zu -

friedenheit« bedeutet nämlich auch: Je weniger man will, desto eher wird man zufrieden sein!

- Anett wäre gern eine berühmte Sängerin, würde gern Millionen verdienen, eine Villa in Malibu beziehen und George Clooney heiraten.
- Babett singt gern, kommt mit ihrem kleinen Einkommen gut zurecht, freut sich über die geringe Miete ihrer Wohnung und liebt ihren Freund, den Gitarristen ihrer Rockband.

Nun raten Sie einmal, welche der beiden zufriedener ist ... Das ist wohl keine allzu schwierige Aufgabe. Und sie wird noch leichter, wenn wir uns einmal ansehen, was dann passiert:

Beide Sängerinnen werden bei einer Show entdeckt und bekommen einen kleinen Plattenvertrag. Während Anett dieser Erfolg überhaupt nicht zufriedenstellt, ist Babett im siebten Himmel.

Und wieder haben die hohen Erwartungen und Wünsche die Zufriedenheit im Keim erstickt.

Vahari war noch nicht ganz einverstanden. »Ich habe Angst, dass ich meine Motivation verliere, wenn ich meine Ziele so klein halte.« Kurma darauf: »Wenn deine Ziele klein sind – wozu brauchst du dann eine große Motivation?«

Viele Menschen gehen davon aus, dass ihre Motivation verloren geht, wenn ihre Ziele klein sind. Dazu gibt es zwei Dinge zu sagen:

Erstens stellt sich doch die Frage, zu was wir »große« Ziele (eine Luxusvilla, Ruhm, einen herausragenden Job) brauchen, wenn wir auch ohne diese zufrieden sind. Wir streben ja diese Ziele an, um zufrieden zu *werden* – wenn wir es aber doch bereits *sind*, weil wir in uns ruhen und äußerer Ziele gar nicht bedürfen, dann werden wir auch in einem kleinen griechischen Fischerdorf glücklich.

Zweitens aber ist es nicht nötig, ein hochgestecktes Ziel zu verfolgen, um das, was man tut, mit ganzem Herzen zu tun. Viel wichtiger ist, dass wir die Ziele, die wir verfolgen, mit Freude und *in Übereinstimmung mit unseren Werten* angehen. Dann verliert der Ziel*punkt* seine Bedeutung – der Weg wird zum Ziel.

Äußerst erfolgreiche Menschen haben nicht nur Ziele, sie haben Werte – und ein Lebensleitziel, das auf diesen Werten beruht. Es spielt dabei keine Rolle, ob dieses Lebensleitziel erreicht werden kann, oder wie man »Erfolg« definiert. Das Lebensleitziel kann ein religiöses und humanitäres Lebensleitziel sein (wie bei Mutter Teresa), ein künstlerisches (wie bei Pablo Picasso) oder auch ein technologisch-kreatives (wie bei Bill Gates, dem Gründer von Microsoft).

Als die Gründer von Greenpeace sich an die Arbeit machten, wussten sie sehr wohl, dass sie ihr Lebensleitziel – eine Welt, in der die Menschheit die Natur nicht mehr zerstört – nicht erreichen würden. Doch das hat sie weder unzufrieden gemacht noch ihnen die Motivation genommen. Denn der Weg war das Ziel. Und was für ein Weg: 1971 wurde Greenpeace von einer Handvoll engagierter Menschen gegründet. Heute hat Greenpeace etwa fünf Millionen Mitglieder in über 150 Ländern und ist eine weltweit bekannte Organisation, die sicher ihren Teil zu dem ökologischen Bewusstseinswandel beigetragen hat!

Der entscheidende Unterschied zwischen Werten und Zielen besteht darin, dass Werte immer wandlungsfähig sind – man kann einen Wert nicht erreichen, man *lebt* ihn. Werte liegen unserem gesamten Handeln zugrunde; in allem was wir tun, zeigen sich unsere Werte. Selbst in ganz alltäglichen Dingen. Wenn Sie beispielsweise Ihre Kleidung kaufen, bestimmen Ihre Werte, welche Kleidung es sein wird. Jemand, für den der Wert »Schönheit« eine zentrale Rolle spielt, wird anders wählen als jemand, für den Werte wie »Einfachheit«, »Individualität« oder »Bequemlichkeit« wichtiger sind.

Leben Sie nach Ihren Werten oder nach den Werten anderer? Wenn Sie nach Ihren Werten leben, ist Ihr Leben erfüllt – wenn nicht, werden Sie Unzufriedenheit erleben.

Sehen Sie sich doch einmal den folgenden Kasten (S. 196) mit Werten an. Welche Bedeutung haben diese Werte für Ihr Leben? Stellen Sie sich Situationen vor, in denen der betreffende Wert missachtet und andere, in denen er verwirklicht wurde. Wenn ein Wert eine zentrale Rolle in Ihrem Leben spielt, werden Sie sich sehr unwohl in Situationen fühlen, in der dieser Wert missachtet wurde, und sich sehr gut fühlen, wenn er verwirklicht wurde.

Geheimnis V – Genügsamkeit

Abenteuer	Frieden	Ordnung
Aktivität	Gemeinschaft	Religion
Ansehen	Gerechtigkeit	Ruhm
Begeisterung	Glück	Schönheit
Bewegung	Harmonie	Selbstständigkeit
Dienen	Herausforderung	Sicherheit
Ehrlichkeit	Humor	Spaß
Einfachheit	Individualität	Spiritualität
Einzigartigkeit	Kreativität	Toleranz
Erfüllung	Lehren	Veränderung
Erkenntnis	Leistung	Verantwortung
Fähigkeit	Lernen	Wahrheit
Freiheit	Liebe	Weisheit
Freude	Macht	Weltverbesserung
Freundschaft	Mut	Würde

Versuchen Sie die drei zentralen Werte in Ihrem Leben zu finden. Dann wird es Ihnen viel leichter fallen, weniger zu begehren, Ihre Herzensziele und Ihren Weg zu erkennen und das, was Sie tun, mit ganzem Herzen zu tun.

Kurma spricht: »Genügsamkeit befreit von Unnötigem. Nur wenn du frei bist, kannst du deinem Herzen folgen, wohin es dich führt.«

Fassen wir einmal das Bisherige zusammen: Wir begehren etwas. Dann entstehen in uns Bilder, die Angenehmes versprechen. Diese Bilder verstärken das Begehren, weil sie Vorfreude auslösen und in unserem Gehirn Glückshormone ausgeschüttet werden – und wir verfallen dem Trugschluss, dass die Vorfreude nur ein schwaches Abbild der Befriedigung unserer Wünsche ist. Das motiviert uns natürlich enorm, unsere Wünsche zu erfüllen. Dabei verlieren wir leicht aus den Augen, wie wertvoll das, was wir uns wünschen, denn eigentlich wirklich ist. Nur zu oft werden wir nämlich von der Wirklichkeit, wenn wir sie mit unserer Vorstellung vergleichen, enttäuscht.

Es gibt zwei wichtige Glücksregeln: Erstens sollten wir uns nicht in unerfüllbare Fantasien hineinsteigern, die nur unsere Unzufriedenheit kultivieren; zweitens sollten wir versuchen herauszufinden, was uns *wirklich* zufrieden macht und dies dann verfolgen. Zufriedenheit bedeutet, das zu bekommen, was man will – je weniger wir begehren, desto leichter wird es uns fallen, zufrieden zu sein. Das bedeutet nicht etwa, unmotiviert und träge auf dem Sofa herumzuliegen, ganz im Gegenteil: Indem wir unsere Werte entdecken, entdecken wir, wie wir den Weg zum Ziel machen.

 *Nach den ersten Gesprächen mit Kurma war Vahari schon ein viel zufriedeneres und glücklicheres Schweinchen. Dann und wann, wenn sie unsicher war, suchte sie dennoch die Meisterin auf. »Ich habe einen großen Sack mit leckeren Speisen gefunden«, erzählte sie eines Tages. »Ich bin nicht mehr gierig wie früher. Irgendwie belastet es mich sogar, dass ich diesen Schatz habe. Den ganzen Morgen habe ich damit verbracht, ein gutes Versteck zu suchen!« Kurma schüttelte den Kopf. »Meine Liebe, deine Seele hast du an den Schatz gebunden. Löse das Band und du bist frei von Sorge!«*

Bisher haben wir vor allem über das Begehren gesprochen: über die Dinge, die wir nicht haben, uns aber wünschen. Wenn wir jedoch schon etwas besitzen, dann müssen wir es ja nicht mehr begehren. Oder doch?

Besitz kann manchmal beruhigend sein. Ein eigenes Häuschen oder eine Eigentumswohnung oder etwas Geld auf der hohen Kante geben ein Gefühl der Sicherheit. Und das fühlt sich gut an.

Es gibt aber auch eine andere Seite des Besitzes. Wir müssen für das Haus arbeiten, um es abzubezahlen. Für die Eigentumswohnung wird Wohngeld fällig. Eine Flut oder ein Sturm beschädigt unseren Besitz. Das Geld auf dem Konto vermehrt sich nicht schnell genug oder wird gar von der Inflation aufgefressen … Der Besitz beginnt zu belasten.

Der Dichter Christian Morgenstern sagte einmal: »Es gibt keine ›toten‹ Gegenstände. Jeder Gegenstand ist eine Lebensäußerung, die weiter wirkt und ihre Ansprüche geltend macht wie ein gegenwärtig Lebendiges. Und je mehr Gegenstände du daher besitzest, desto mehr Ansprüche hast du zu befriedigen. Nicht nur sie dienen uns, sondern auch wir müssen ihnen dienen. Und wir sind oft viel mehr ihre Diener als sie die unsern.«

Morgenstern meint damit, dass alles, was wir besitzen, einen Teil unseres Geistes besetzt. Das merken wir meist erst dann, wenn wir uns von etwas trennen sollen. Was geschieht wohl, wenn Sie sich von Dingen, die Sie gar nicht brauchen, trennen? Sie befreien Ihren Geist und gewinnen Energie für Wichtiges und Wesentliches. Sie werden Ihr Leben mehr genießen, mehr Freude an den Dingen haben, die Sie Ihr Eigen nennen, Sie werden an Freiheit und Lebenslust gewinnen.

Sicherlich besitzen Sie viel mehr, als Sie ahnen. Selbst wenn Sie beliebig viel Zeit hätten und sich viel Mühe gäben, könnten Sie wohl nicht all die Dinge aufzählen, die Sie haben. Vielleicht nicht einmal alles, was eine einzige Schublade enthält. So viele bunte Dinge bietet die Welt, Sachen, die wir haben wollen oder zumindest irgendwann mal haben wollten.

Das Problem ist nur: Was Sie ohnehin nicht mehr nutzen, von dem haben Sie in Wahrheit nicht das Geringste – außer Ballast. Sie können Ihr Leben daher enorm erleichtern, indem Sie loslassen, was Sie nicht brauchen. Das ist der erste Schritt.

Vahari glaubte zu verstehen. Tatsächlich drehten sich ihre Gedanken die ganze Zeit um ihren »Schatz«. Und das waren nicht einmal angenehme Gedanken. Es ging vor allem um die Angst vor dem Verlust. War das Versteck wirklich gut? Aber wenn sie genau überlegte, brauchte sie den Sack voller Leckerein gar nicht. Sie hatte genug zu essen – und ihre frühere Gier hatte sie (bis auf ein paar kleine Ausrutscher) abgelegt. Und doch plagte sie etwas. »Meisterin, es stimmt, was Ihr sagt. Ich habe meine Seele an den Schatz gebunden. Und ich möchte mich befreien. Aber wie?« Kurma sprach: »Mehr verschenken, weniger ansammeln. Mache die Freude anderer zu deiner Freude und wirf dabei deine Last ab!«

Sich von Unnützem zu befreien ist erleichternd, da alles, was Sie besitzen, ohne es zu brauchen, Raum in Ihrem Unterbewussten einnimmt. Mehr Raum im eigenen Geist zu haben ist ein Genuss, denn so schaffen Sie Platz für schöne Dinge. Neuer Raum macht Ihr Leben einfacher, da Sie sich nicht mehr um Dinge kümmern müssen, die Sie ohnehin nicht brauchen. Er verschafft Ihnen Zeit, da Sie sich schneller entscheiden können. Er verschafft Ihnen die Chance, neue Wege zu gehen. Und schließlich können Sie mit dem, was für Sie unnötig ist, anderen oft eine große Freude machen. Fangen Sie doch einmal an »auszumisten«. Bücher, die Sie nicht mögen und nie mehr lesen werden, Kleidung, die Sie nie tragen, alte Elektrogeräte, die Sie nie verwenden, Möbel, die nur im Weg herumstehen …

Geheimnis V – Genügsamkeit

Von einigen Dingen können Sie sich befreien, indem Sie sie einfach in die Mülltonne werfen. Von anderen werden Sie sich vielleicht nur deshalb so schwer trennen können, weil Ihnen Verschwendung zuwider ist und Sie Dinge, die noch brauchbar sind, nicht einfach wegwerfen wollen. Machen Sie sich klar, dass es dennoch unsinnig ist, diese Dinge aufzubewahren – Sie machen damit nur Ihren Lebensraum zur Mülldeponie!

Was Sie nicht brauchen, können andere dagegen vielleicht sehr gut gebrauchen.

- Viele Menschen können sich nicht einmal Kleidung leisten. Die Caritas und viele andere Stellen sind daher dankbar über jede Kleiderspende.
- Wer kaum Geld zum Leben hat, wird sich vielleicht auch über eine alte Stereoanlage oder gut erhaltene Möbel freuen, für die Sie keine Verwendung mehr haben. In Anzeigenblättern sind Anzeigen in der Rubrik »Zu verschenken« in der Regel kostenlos.
- Bücher, die Sie nicht mehr lesen, können Sie bei jeder öffentlichen Bibliothek abgeben. So kommt Ihre Befreiung von alten Lasten vielen anderen zugute.

Bei Sachen, die keinen Wert für Sie haben, wird es Ihnen vermutlich recht leicht fallen, sie wegzugeben. Doch nicht alle Dinge, die wir haben, sind für uns gleichermaßen wertvoll. Einiges ist uns ganz besonders viel wert. Und das ist nicht immer das, was beim Pfandleiher am meisten Geld bringen würde. Am wertvollsten sind die Dinge, an die wir schöne Erinnerungen geknüpft haben. Das sind unsere wertvollsten Schätze – ihr Wert ist nicht in Geld aufzuwiegen. Manchmal wird ein Gegenstand für uns so bedeutsam, dass er zu einem Teil von uns wird. Die Redewendung »das ist mir ans Herz gewachsen« zeigt, wie eng die Bande zwischen Sache und Seele sein können. Doch sind es tatsächlich die Dinge, die uns so viel Wert sind? Oder sind es die Erinnerungen und Gefühle, die wir mit ihnen verbinden? In der folgenden Übung wollen wir versuchen herauszufinden, wie fest Dinge an unserer Seele haften.

Aus Kurmas Übungen:
Wertvolles verschenken

Diese Übung klingt ganz einfach: Verschenken Sie etwas. Aber sie ist doch viel schwerer: Es sollte nämlich etwas sein, an dem Ihr Herz wirklich hängt.

Es kommt nicht darauf an, dass das Geschenk einen hohen materiellen Wert hat. Es ist für die Übung auch völlig ohne Bedeutung, ob der Beschenkte das Geschenk zu schätzen weiß – im Gegenteil. Wichtig ist nur, dass Ihr Herz an dem hängt, was Sie verschenken. Das wird sehr schwierig. In Ihnen wird sich alles wehren – Sie werden den Sinn der Übung bezweifeln, denken »Ach, später, jetzt lese ich erst mal« oder sich einfach weigern. Wenn Sie doch ernsthaft darüber nachdenken, was Sie verschenken, werden Sie feststellen, dass manche Dinge in dem Moment, wo sie verschenkt werden sollen, plötzlich an Wert gewinnen. Ihr Herz wird sich mit aller Macht an Dinge klammern. Wenn Ihnen diese Übung gelingt, haben Sie einen gewaltigen Schritt zur Befreiung gemacht!

Vahari besuchte wieder einmal Kurma, ihre alte Lehrerin. »Meisterin, ich fühle mich so viel leichter, seit ich mich von allem Unnötigen befreit habe! Es plagt mich nur, dass ich fürchte, anderen zu schaden, wenn ich sie nicht auch Genügsamkeit lehre. Nana, das Eichhörnchen, beispielsweise hat eine Unmenge Nüsse in seiner Gier vergraben und nun den Ort vergessen. Soll ich seine Gier und Dummheit belohnen? Das scheint mir nicht richtig.« Kurma lächelte und blickte dem Schweinchen tief in die Augen. »Das ist ja sehr freundlich von dir, dass du Nana Genügsamkeit lehren willst. Doch glaubst du, dass Hunger ein guter Lehrmeister ist? Durch dein Beispiel kannst du lehren, durch deine Güte kannst du überzeugen.«

Genügsamkeit zu leben, indem man sich von unwichtigen Dingen befreit, ist beinahe das Gegenteil von Einschränkung. Das Weniger wird zum Mehr. Mehr Freiheit, mehr Freiraum, mehr Zufriedenheit, mehr Freude, mehr Leichtigkeit …

Nicht-haben-Wollen befreit. Denn dann ist auch das Nicht-haben kein Verzicht, kein Unglück, keine Askese, kein Leiden mehr. Das Geheimnis der Genügsamkeit liegt nämlich nicht in erster Linie darin zu verzichten, sondern ganz im Gegenteil: Wenn wir nicht mehr so viel begehren, müssen wir auf viel weniger verzichten, werden reicher und leben in Fülle.

Dann werden unsere Energien frei: Für wirkliche Notfälle, denn nun gibt es mehr Spielraum. Wenn wir in einer Luxuswohnung leben, wird ein finanzieller Engpass vielleicht zur völligen Veränderung der Lebensumstände führen. Haben wir jedoch genug an einer bescheidenen Wohnung, wird das nicht so leicht passieren. Unsere frei gewordenen Kräfte stehen uns auch für unser Wohlgefühl, unser inneres Wachstum und unsere Gesundheit zur Verfügung.

Und dann, wenn wir frei sind, können wir unser Potenzial verwirklichen und zu dem Menschen werden, der wir wirklich sind.

 Kurma spricht: »Wirf ab, was du nicht brauchst. Das ist kein Verlust, sondern ein Gewinn, denn deine Seele wird frei und kann wachsen, wenn sie nicht von unnötigem Besitz in Bande gelegt wird.«

In diesem Abschnitt haben wir darüber gesprochen, dass das Begehren nicht aufhört, wenn wir etwas besitzen. Ganz im Gegenteil: Der Besitz ergreift Besitz von unserem Geist. Wenn wir uns von manchen Dingen, die wir haben, befreien, verlieren wir nicht, sondern gewinnen. Das fällt zunächst schwer, denn wir haben unser Herz mit den Dingen verbunden. Diese Fesseln zu lösen fällt leichter, wenn wir sehen, dass wir sogar anderen eine Freude machen können, wenn wir uns von Dingen trennen, die für uns unnötig sind. Schließlich haben wir auch noch sehr praktische Vorteile vom Nicht-haben-Wollen: Es wirkt wie eine Impfung gegen schwere Zeiten.

»Nana hat sich so gefreut!«, erzählte Vahari, als sie wieder Meisterin Kurma begegnete. *»Und der Schatz hat auch noch ein paar anderen helfen können. Jetzt weiß ich, welche Freude darin liegt, andere zu erfreuen. Traurig ist nur, dass es so viel Leid auf der Welt gibt!«* Kurma nickte. *»Ja, es gibt viel zu tun. Sieh genau hin. Dann wirst du verstehen, dass du und die Welt nicht getrennt sind.«*

Vielleicht haben Sie mittlerweile erkannt, wie das Geheimnis der Genügsamkeit Ihr Leben bereichern kann. Genug zu haben ist für jeden Menschen der größte Gewinn. Doch die Genügsamkeit hat auch eine Dimension, die über das eigene Leben hinausgeht. Während Genügsamkeit uns »nur« gut tut, wird sie für die Welt zunehmend notwendig.

In diesem Jahrhundert werden die Folgen des grenzenlosen Habenwollens, des endlosen Rufes nach immer mehr, zunehmend zur unübersehbaren Katastrophe für die Menschheit – und die Menschheit wird immer größer: 1927 gab es zwei Milliarden Menschen, 1960 waren es eine Milliarde mehr. In nur 14 weiteren Jahren kam noch eine Milliarde hinzu, im Jahr 2000 waren es schon sechs Milliarden und heute sind es schon 6,5 Milliarden. Täglich (!) kommen 200.000 Menschen hinzu.

Nun ist unser Planet so groß, dass alle in Frieden und Zufriedenheit leben könnten – wenn nicht ein Teil davon von grenzenloser Begierde getrieben würde. Die Tatsachen sind beinahe unvorstellbar:

Alle 3,6 Sekunden stirbt ein Mensch an Hunger. In jeder Minute 16. Davon sind 12 Kinder. 24.000 Menschen sterben jeden Tag, über 8 Millionen jedes Jahr, weil sie nicht genug zu essen bekommen. Aber es dauert eine Weile, bis man verhungert. 800 Millionen Menschen leiden an Unterernährung. Obwohl es genug Nahrung gäbe! Ist nicht allein das ein Grund für Genügsamkeit?

Aber nicht nur für die Menschheit, sondern für den Großteil des Lebens auf unserem Planeten ist die Begierde eines Teiles der Menschheit katastrophal. Während die Menschheit immer größer wird, wird die Zahl der anderen Lebewesen immer geringer.

2003 standen bereits über 12.000 Tier- und Pflanzenarten auf der Roten Liste der gefährdeten Arten. Heute, am 15. November 2006 sind es schon über 15.500. Dabei sind die Tiere und Pflanzen, die in der Roten Liste genannt sind, nur die gut erforschten und bekannten. Durch das Abholzen der tropischen Regenwälder verschwinden jede Stunde (!) etwa drei Arten unwiederbringlich von unserem Planeten. Nur zum Teil hat das damit zu tun, dass die Menschheit so stark zunimmt. Bis zum 18. Jahrhundert verschwand in zehn Jahren eine Vogel- oder Säugetierart, im darauffolgenden Jahrhundert eine Art pro Jahr; heute sind es nach Schätzungen (niemand kann es mehr genau zählen) über 30.000. Wissenschaftler sprechen mittlerweile von einem Massensterben. In der Erdgeschichte hat es bereits fünfmal solche Katastrophen gegeben; beispielsweise die, der die Dinosaurier vor 64 Millionen Jahren zum Opfer fielen. Heute erleben wir vielleicht das sechste Massensterben – aber wir erleben es nicht nur, sondern wir Menschen sind dafür verantwortlich. Und dieser Prozess schreitet immer schneller voran.

Die Welt verändert sich in einem Ausmaß, das wir uns kaum vorstellen können. Die Katastrophen wie der Hurrikan Kathrina, der New Orleans beinahe auslöschte, die schlimmsten Überschwemmungen in Europa seit mehr als 100 Jahren, die weite Teile Europas im Sommer 2002 heimsuchten, die Dürre- und Hitzewelle des darauffolgenden Jahres, die verheerende Waldbrände in Südeuropa auslöste, all das ist nur ein kleiner Vorgeschmack von dem, was auf uns zukommt. Die Eiskappen der Pole werden schmelzen, der Meeresspiegel wird ansteigen, Inselstaaten und Küstenregionen überfluten, verschwinden lassen, während sich gleichzeitig durch extreme Dürre die Wüsten ausbreiten.

Die Hauptursache für den Hunger, die Klimakatastrophe und das Massensterben der Arten ist aber *nicht* der Mensch. Es ist die Gier des Menschen nach immer mehr. Die Gier aber ist ja keine Bosheit, sie ist ein Irrtum: Immer noch glauben viel zu viele Menschen, dass Verschwendung und Luxus sie glücklicher und zufriedener machen könnten. In den reichen Ländern leben wir vor, dass Luxus scheinbar ein notwendiger Teil des Lebens ist – und alle (die große Mehrheit) wollen uns folgen. Wir essen, bis wir aus allen Nähten platzen und einer von tausend ausgeklügelten Diäten folgen, um uns wieder besser zu fühlen – eine erzwungene Genügsamkeit, die doch nicht funktioniert. Wir sondern hemmungslos Gifte in das Wasser, in die Erde, in die Atmosphäre ab, bis wir das Klima verändert haben, in Fluten ertrinken, von der Erde vergiftet werden und durch Hurrikans obdachlos werden. Wir begradigen Flüsse und holzen unsere Wälder ab, bis wir merken, dass das Leben weniger lebenswert wird, und beginnen, die Regenwälder abzuholzen – in einem Tempo, dass es, wenn es so weitergeht, in wenigen Jahrzehnten keine tropischen Regenwälder mehr geben wird.

Aber so viel wir auch tun, um den Überfluss, in dem wir leben, zu erhöhen oder zumindest aufrechtzuerhalten – die Wirtschaft muss wachsen! Und eines passiert dabei nicht: Dass wir glücklicher werden. Inzwischen erkennen wir einige Schwierigkeiten des Lebens im Überfluss und engagieren uns für Umwelt- und Klimaschutz (nicht etwa, indem wir den Luxus aufgeben, sondern indem wir unsere Autos »umweltfreundlich« machen und unseren Müll nach Sorten trennen). Wir sehnen uns nach der noch nicht zerstörten Natur und fliegen Tausende von Kilometern in ferne Länder, wo dann gigantische Hotels gebaut werden, um auch dort nicht auf Luxus verzichten zu müssen.

Uns und der Welt fehlt es weder an Wohlstand noch an Luxus und Gütern. Es fehlt an der Kunst der Genügsamkeit. Die Erkenntnis, dass weniger mitunter wesentlich mehr sein kann, kann die Welt zum Besseren verändern.

Und jeder von uns kann dazu beitragen und dabei gewinnen.

Vahari besuchte Kurma. Unter Tränen sagte sie: »So viel Leid gibt es in der Welt. Wie kann das sein? Ich will das nicht mit ansehen!« Kurma berührte sie sanft. »Meine Liebe, das viele Leiden ist freilich nicht schön zu sehen.« »Aber was kann ich denn tun?«, fragte Vahari. »Ich bin doch nur ein armes, kleines Schwein ...« Kurma lächelte sie an. »Meine Liebe, du tust es doch bereits!« Sie warf einen kleinen Stein in den See. »Sieh: Der Stein berührt nur einen kleinen Teil des Wassers, doch die Wellen treffen auch noch das andere Ufer!«

Wenn wir uns den Zustand der Welt klarmachen, kann es leicht geschehen, dass Verzweiflung oder Fatalismus aufkommt. Ist nicht schon alles zu spät?

Es ist nie zu spät, die Welt um sich herum positiv zu gestalten. Jeder kann einen Beitrag leisten und dabei sehr viel gewinnen.

Wir haben schon das Beispiel von Greenpeace erwähnt, die wohl bekannteste Umweltorganisation, die mit ein paar Menschen begann und innerhalb weniger Jahre zu einer weltumspannenden Gruppe wurde, die bereits einen Wandel im Bewusstsein herbeigeführt hat. Und Greenpeace ist nicht das einzige Beispiel, wo das Tun weniger Menschen viel veränderte. Amnesty International, Ärzte ohne Grenzen, die SOS-Kinderdörfer ... sie alle begannen mit dem Handeln einzelner Menschen.

Und was kann jeder von uns darüber hinaus jederzeit tun? Ein Auto fahren, das weniger Benzin braucht, das Wasser nicht unnötig laufen lassen, das Licht nicht ständig brennen lassen, nicht Heizen, bis die Wohnung zur Sauna wird ... auch das sind kleine Ansätze. Viel mehr aber als dies bringt eine Veränderung des Bewusstseins. Ja, es reicht tatsächlich vollkommen, zuerst mal das eigene Bewusstsein zu verändern; niemand muss Missionar werden.

Strom, Benzin, Wasser, Ressourcen sparen ist gut. Aber das Bewusstsein zu verändern, zu spüren, dass Genügsamkeit keine moralische Pflicht, sondern ein Gewinn und eine Quelle der inneren Ruhe ist, ist noch weitaus besser. Denn Bewusstseinswandel kann ansteckend sein.

Ein Energiesparer und Mülltrenner, der unzufrieden mit seinem Leben ist und seine Mitmenschen moralisierend mit dem erhobenen Zeigefinger belehrt, wird weitaus weniger bewirken als jemand, der durch seine Genügsamkeit innere Freiheit gewinnt, Freude und Zufriedenheit ausstrahlt und ohne große Worte offensichtlich macht, dass nicht im Besitzen, Verschwenden und Luxusleben das Glück zu finden ist.

Jeder sehnt sich nach Zufriedenheit, Glück und innerer Ruhe. Wer in sich ruht, dessen Handeln ist wie ein Steinchen, das in den See geworfen wird und dabei nur einen kleinen Teil des Sees berührt, aber weite Kreise zieht.

 *Kurma spricht: »Verzweifle nicht ob des Leides in der Welt. Kultiviere Genügsamkeit und du machst die Welt ein Stückchen besser.«*

Unsere Welt krankt an der Gier des Menschen. Wenn wir unsere Augen öffnen und uns klar wird, wie viel Zerstörung und Leid es gibt, kann die erste Reaktion Resignation oder Verzweiflung sein. Doch wenn wir noch genauer hinsehen, erkennen wir, dass jeder Mensch wichtig ist, und dass wir, indem wir Genügsamkeit kultivieren, die Welt verändern. Nicht indem wir missionieren, sondern indem wir anderen die Augen öffnen und zeigen, dass Genügsamkeit kein moralischer Imperativ und kein Verzicht ist, sondern eine Quelle der Freude und ein Gewinn.

Vahari suchte Kurma auf und fragte: »Meisterin, was kann ich tun, damit mich nicht ständig die Gedanken plagen, was alles zu tun ist. Ich spüre nicht mehr die Gier wie früher, und ich bin glücklich, dass ich erkannt habe, dass ich etwas verändern kann. Manchmal bin ich immer noch unzufrieden mit mir, manchmal bin ich unzufrieden mit der Welt, manchmal denke ich, dass ich noch etwas anders machen müsste ...« Kurma schüttelte den Kopf und lachte: »Ich ich ich ich ich ich ... auch davon: viel zu viel!«

Bislang haben wir (fast) nur über die Begierde nach materiellen Dingen gesprochen. Wir können schon allein dadurch, dass wir uns von der Gier nach Dingen befreien und uns von den Banden lösen, mit denen uns überflüssiger Besitz fesselt, viel mehr Zufriedenheit und innere Ruhe gewinnen.

Wenn aber schon die Befreiung von materiellen Begierden einen so großen Unterschied macht – wie groß kann erst der Gewinn sein, wenn wir uns von seelischen Fesseln befreien. Zum tiefsten Geheimnis der Genügsamkeit dringen wir vor, wenn wir verstehen, dass uns die Begierde und das Anhaften an Ruhm, Pflicht, Selbstbestätigung und Meinungen noch mehr einschränkt als das materielle Habenwollen.

Am allerstärksten haften wir jedoch an einem, das uns so natürlich erscheint, dass wir in der Regel kaum darüber nachdenken, obwohl Religionen (insbesondere der Buddhismus) als auch die Wissenschaft (vor allem die Gehirnforschung, neuere Richtungen der Psychologie und die moderne Bewusstseinsphilosophie) es als Illusion erkannt haben: an unserem Ich!

Die Befreiung vom Ich – das ist unserem Denken meist fremd; und vielleicht sogar erschreckend (obwohl es gerade das eben nicht ist!). Deshalb wollen wir uns erst einmal die offensichtlicheren Fesseln unseres Geistes ansehen: Ängste, Sorgen und Meinungen.

Vahari war nicht gerade mutig. Es gab vieles, vor dem sie Angst hatte. Als sie Kurma fragte, wie sie ihre Angst besiegen könnte, antwortete die Meisterin: »Meine Liebe, du hast die Begierde noch nicht ganz überwunden.«

Ängste und Sorgen bestimmen das Leben vieler Menschen. Beinahe jeder von uns macht sich dann und wann Sorgen und hat vor manchen Dingen Angst.

Es gibt praktisch nichts, wozu man sich keine Sorgen machen könnte. Über viele viele Dinge muss man sich doch einfach Sorgen machen, oder?

Gehen Sie doch einmal Ihre Sorgen und Ängste durch: Haben Sie schon einmal erlebt, dass sie Ihnen Vorteile, Freude oder Genuss eingetragen hätten? Vielleicht ist es ja einfacher, als Sie denken, die Last negativer Gedanken und Gefühle abzuwerfen.

Sorgen um die Zukunft, Sorgen um Arbeitslosigkeit, um geliebte Menschen, Sorgen, dass man krank oder einsam sein könnte, die Sorge, dass man von anderen Menschen zurückgewiesen werden könnte – Sorgen können das ganze Leben in den Griff bekommen. Und »Sorgsüchtige« werden sicher Gründe finden.

Der professionelle Sorgenmacher wird natürlich sofort sagen: »Ja – aber meine Sorge ist doch ganz real! Soll ich das einfach ignorieren und so tun, als ob alles wunderbar wäre?« Alles zu ignorieren ist bestimmt keine so gute Idee. Alles als wunderbar anzusehen schon viel eher.

Stellen Sie sich bitte einmal eine ganz einfache Frage: »Hilft mir die Sorge, das zu erreichen, was ich erreichen will?« Können Sorgen irgendetwas besser machen? Wenn Sie dieser Frage aufrichtig nachgehen, werden Sie feststellen, dass sie das nicht tun. Niemals.

Auf der anderen Seite machen Ängste und Sorgen vieles schlechter: die Gegenwart, weil sie sie unangenehm machen, die Vergangenheit, da ja die Gegenwart die Vergangenheit von morgen ist, und die Zukunft, da negative Gedanken in aller Regel negative Ergebnisse hervorbringen. Werfen Sie Ihre Sorgen ab! Die Zukunft ist nicht real. (Wenn sie es ist, heißt sie Gegenwart oder Vergangenheit.) Das heißt aber eben auch, dass sich alles, was wir uns für die Zukunft vorstellen, ausschließlich in unserem Kopf abspielt. Und selbstverständlich wird die Zukunft anders aussehen, als wir es uns vorstellen. Vielleicht besser, vielleicht schlechter – wir werden es erst dann erfahren.

Aus Kurmas Übungen:
Die Gedanken-Bremse

Dies ist eine sehr hilfreiche erste Übung bei Sorgen oder Angstgedanken. Eine Sorge schleicht sich in Ihr Bewusstsein und besteht darauf, beachtet zu werden. Nun gut: Beachten Sie sie – indem Sie auf einem Blatt die Sorge niederschreiben, innerlich »Halt!« sagen und dann ganz bewusst Ihr Bewusstsein mit einem anderen Gedanken beschäftigen. Natürlich lässt sich die Sorge nicht so einfach abwimmeln und drängt sich wieder vor. Und wieder sagen Sie innerlich: »Halt!«, schreiben die Sorge auf (oder machen einen Strich, wenn diese Sorge schon auf Ihrem Blatt steht) und wenden Ihre Gedanken auf etwas anderes. Wenn Sie eine Weile dabeibleiben, kann Ihr Unterbewusstsein mit der Sorgenproduktion nicht mehr nachkommen – und es kehrt Stille ein.

Sorgen macht sich nahezu jeder. Aber in der Regel halten sie nicht lange vor und sind nicht so schwer loszulassen – mit der »Gedankenbremse« geht das oft sehr schnell. Manche Sorgen werden aber zur Besessenheit. Und bei manchen Menschen wird die Angst so stark, dass sie das Leben ganz und gar in ihrem Würgegriff hat. In Deutschland hat einer von sieben Menschen sogar so starke Ängste, dass er stark in seinem Leben eingeschränkt ist und die Angst als Krankheit betrachtet wird (das heißt, dass die Krankenkassen eine Behandlung bezahlen).

Kaum jemand, der seine Angst so stark zu spüren bekommt, würde das auf irgendeine Art Begierde zurückführen. Ganz im Gegenteil würde er wohl sagen: »Ich möchte die Angst ja nur zu gern loswerden!« Wenn wir nun aber ganz genau hinsehen, merken wir, dass jede Angst im tiefsten Grunde eine Angst vor Verlust ist.

Manchmal, ja sogar bei der Mehrheit der verschiedenen Ängste, die Menschen plagen können, ist es nicht so leicht zu sehen, welcher Verlust denn befürchtet wird. Es ist leichter zu verstehen, wenn wir uns klar machen, dass der *körperliche Vorgang*, der mit Angst zusam-

menhängt, eine ganz natürliche Reaktion ist – der Organismus wird in Alarmbereitschaft versetzt, sodass er für Flucht oder Kampf vorbereitet ist. Die körperliche Reaktion »Angst« erhöht die Reaktionsgeschwindigkeit, aktiviert die Muskulatur und schüttet Hormone aus. Angst ist also ein biologischer Überlebensmechanismus.

Nun geraten wir in unserer durchorganisierten, zivilisierten Welt nur selten in Lebensgefahr, doch die Angst wird trotzdem kein Bisschen weniger. Das kommt daher, dass unser Körper nur weiß, was unsere Seele ihm sagt: Wir fühlen uns bedroht – und der Leib reagiert mit Angst. Letztlich verbirgt sich hinter der Angst vor einer kleinen Spinne, der Angst vor Menschen, der Angst vor Arbeitslosigkeit usw. immer die Urangst vor dem Tod. Oder umgekehrt: Wer keine Angst vor dem Tod hat, der hat überhaupt keine Angst.

Das ist der Gipfel der Genügsamkeit: die Begierde nach dem Leben loslassen. Das ist aber nicht dasselbe, wie die Lust am Leben zu verlieren! Im Gegenteil – das Bewusstsein der Endlichkeit gibt die Freiheit, das Leben ganz und gar zu leben und der zu werden, der man wirklich ist!

Vielleicht klingen diese Worte für Sie beängstigend.

Und doch weiß ja jeder, dass sein Leben irgendwann endet. Meist wissen wir es jedoch nur mit dem Verstand und nicht mit dem Gefühl, das uns weismachen will, dass wir ewig weiterleben. (Und die bisherige Erfahrung bestätigt dieses Gefühl!) Das ist ein Optimismus mit Folgen: Wir fühlen dann, dass wir noch »ewig« Zeit haben, uns auf die wesentlichen Dinge in unserem Leben zu konzentrieren. Wer sich von der Begierde nach Leben befreit, wird nicht etwa in Mutlosigkeit versinken, sondern erkennen, was wirklich Bedeutung in seinem Leben hat. Er wird beginnen, nach Sinn zu suchen.

Freilich kann auch ein Leben ohne jeden Gedanken an Sinn erträglich sein – aber nicht erfüllt. Wenn Sie die Kunst der Genügsamkeit auch auf die Begierde nach Leben anwenden und Ihrem Leben Sinn geben, dann wird Ihnen alles leichter – denn Sie wissen, wofür Sie leben.

Es gibt eine kleine Übung, die auf den ersten Blick ein wenig düster erscheint, die jedoch sehr gut hilft, sich seines Lebenssinns bewusst zu werden. Schreiben Sie Ihre eigene Todesanzeige – so wie Sie sie gerne über sich lesen würden. Dabei werden schnell alle unwichtigen, unnötigen und überflüssigen Dinge von Ihnen abfallen. Können Sie sich vorstellen, dass beklagt wird, dass Sie kein teureres Auto besaßen? Dass Sie nicht mehr Zeit mit der Arbeit und weniger mit Ihren Freunden und Ihrer Familie verbracht haben?

Wie sollen Ihre Liebsten Sie in Erinnerung behalten?

»Meisterin, sollte man nicht zu seiner Meinung stehen?«, fragte Vahari eines Tages die alte Schildkröte. »Ich habe nun den Mut gewonnen, meine Ansichten auch zu vertreten, wenn andere mich angreifen.« Kurma lachte, bis ihr die Tränen aus den Augen liefen. »Ach, Meinungen gibt es doch wie Sand am Meer. Warum ein Sandkorn sein, wenn du der Strand sein kannst?«

An kaum etwas hängen Menschen so sehr wie an ihren Meinungen. Mitunter glauben Menschen sogar, sie *seien* ihre Meinung; sie identifizieren sich mit dem, was sie als ihre Meinung bezeichnen. Und indem sie dies glauben, beginnen sie langsam, ein wenig Recht damit zu haben.

Die Welt ist unsere Vorstellung von der Welt. Und unsere Meinungen darüber, wie die Welt beschaffen ist, formen unsere Vorstellung. Ist es dann ein Wunder, wenn bei manchen Menschen eine große Angst auftaucht, wenn ihre Meinungen bedroht sind? Sie fürchten, dass sich ihre Vorstellungen ändern – und damit ihre gewohnte Welt. Die Welt könnte ins Wanken und aus den Fugen geraten, wenn sie ihre Meinung losließen. Und damit haben sie ganz Recht.

Doch ist diese Veränderung der Welt wirklich zu fürchten? Was sind Meinungen anderes als Filter zwischen Bewusstsein und Realität, die so verwirrend bunt ist, dass wir offenbar Filter benötigen, um nicht überwältigt zu werden. Mit unseren Meinungen versuchen wir, Ordnung in das Chaos zu bringen. Diese Ordnung entsteht dadurch, dass wir Teile der Wirklichkeit ausblenden. Und mit Sicherheit sind auch immer wieder Teile darunter, die wichtig für uns wären, die uns unserer Erfüllung näher brächten. Meinungen taugen nicht viel als Filter.

Das Festhalten an Meinungen ist vom Lehrmeister Angst inspiriert. Doch mit der scheinbaren Ordnung, die durch Meinungen entsteht, verhält es sich wie mit Scheuklappen: Vielleicht ist man nicht so leicht verwirrt –

Geheimnis V – Genügsamkeit

aber man ist unfrei und kann nur einen sehr kleinen Teil der Welt sehen. Das Nichtfesthalten am Gewohnten, die Genügsamkeit auch in Bezug auf die eigene Meinung ist wieder einmal kein Verlust, sondern ein Gewinn. Ganz besonders dann, wenn sich die Meinungen auf uns selbst beziehen.

Menschen, die unzufrieden sind, sind eigentlich, im Tiefsten ihrer Seele, unzufrieden mit sich selbst. Wenn jemand denkt »Ich bin erfolgreich – und ich schaffe auch diese Herausforderung!« wird er weit eher und weitaus leichter an sein Ziel gelangen als mit der Einstellung: »Ich bin ein Versager – und das wird sich jetzt auch wieder zeigen.« Die Meinung über sich selbst wird zur selbsterfüllenden Prophezeiung. Was für die Einstellungen gegenüber sich selbst gilt, gilt ebenso für andere Menschen und für die Welt. Wenn Sie die Welt mit »positiven Augen« betrachten, ist sie einfach viel schöner.

Bei dem Vorhaben, sich von (zunächst einmal negativen) Meinungen und Einstellungen zu befreien, hilft eine einfache Technik, die eine charakteristische menschliche Fähigkeit nutzt: den Humor. Über was Sie lachen, das nehmen Sie nicht mehr »tierisch ernst«. Und Sie können über Ihre Meinungen lachen. Nicht sofort – denn dann würden Sie sie schon nicht mehr vollkommen ernst nehmen. Aber mit ein wenig Übung ist es leicht.

Wenn Sie Ihre Meinungen loslassen, werden Sie nicht stürzen, sondern fliegen.

Befreien Sie sich zunächst von Ihren negativen Einstellungen; dann werden Sie feststellen, dass Meinungen und Dinge wie Ruhm,

Selbstbestätigung und sogar das scheinbar so wichtige Ich ihre Bedeutung verlieren.

Wenn Sie Ihr »Ich« verlieren, werden Sie paradoxerweise dadurch sich selbst finden.

Sorgen, Ängste, negative Gedanken – wir halten unbewusst an ihnen fest. Am allermeisten aber hängen wir an unseren Meinungen und unserem Ich. Lassen wir auch dies los, finden wir uns selbst und Geborgenheit in uns.

Das ist das Geheimnis der Genügsamkeit.

 ## KURMAS LOB DER GENÜGSAMKEIT

Wer immer will,
hat nie genug.
Wer nicht mehr will,
wird still.
Dann hat er alles und die Welt.
Und so kehrt Frieden ein
in ihm und dem, was er für Nichtich hält.

KURMAS GEHEIMNISSE

Gelassenheit. Nimm die Dinge nicht zu wichtig – vor allem aber nicht dich selbst!

Langsamkeit. Mit Eile lässt sich das Glück nicht einfangen. Willst du dein Ziel erreichen – mach einen Umweg!

Beständigkeit. Vollende, was du beginnst. Beginne damit, deinem Herzen zu folgen!

Wandlungsfähigkeit. Indem du nachgiebig bleibst und lernst, dich jeder Situation anzupassen, bleibst du lebendig und bewahrst dein Herz vor Starre!

Genügsamkeit. Je weniger du haben willst, desto eher hast du alles, was du willst!

6 FRIEDFERTIGKEIT

*Das Geheimnis, sanftmütig zu sich
und anderen zu sein*

DER SECHSTE WETTLAUF. *Shashaka, der Hase, hatte mittlerweile großen Respekt vor Kurma. Schon fünfmal hatte ihn die alte Schildkröte im Wettlauf besiegt und ihm sogar das Leben gerettet. Doch einmal, einmal nur, wollte er einen Wettlauf gewinnen. Als er Kurma das nächste Mal begegnete, verbeugte er sich höflich, ohne eine Spur von Spott, und unterbreitete ihr die Bitte, nochmals mit ihm um die Wette zu laufen. Kurma nickte gutmütig. Das Ziel sollte wieder der alte Mangobaum sein – doch wollte sie diesmal auch den Weg über die Brücke nehmen, da Shashaka den Fluss nicht schwimmend durchqueren konnte. Als die Sonne ihre ersten Strahlen über den Horizont schickte, begann der sechste Wettlauf. Shashaka lief konzentriert und achtsam und hatte schon nach kurzer Zeit die Brücke erreicht. Doch was war das? Eine Horde Affen hatte sich dort niedergelassen und verweigerte Shashaka den Weg. Shashaka versuchte es mit guten und bösen Worten, mit Versprechungen und Drohungen, doch die Affen feixten nur und lachten ihn aus. Schließlich wurde Shashaka so wütend, dass er dem nächststehenden Affen, der gerade eine besonders lächerliche Fratze zog, einen Stoß versetzte, sodass dieser ins Wasser fiel. Da fiel die Horde über ihn her, zwickte und knuffte ihn, zog ihn an den Ohren und am Schwanz, bis ihm schließlich nichts übrig blieb, als mit beschädigtem Fell und Selbstbewusstsein die Flucht zu ergreifen. Kurz darauf traf Kurma ein. Auch sie wollten die Affen nicht passieren lassen. Kurma nickte, lächelte freundlich und sprach: »Gut, gut! So tut endlich jemand die Arbeit!« Die Affen hörten auf herumzutollen. »Arbeit? Welche Arbeit?«, riefen sie. »Die des Brückenwächters natürlich!«, entgegnete Kurma. »Niemand sonst will sie tun.*

Ihr macht das prima!« Kaum hatte sie ausgesprochen, begannen die Affen zu murren. »Keine Lust!« »Mach das doch selbst!« »Nicht mit mir!« Und sie trollten sich.

So gewann Kurma, den Frieden und nicht den Kampf suchend, durch ihre Friedfertigkeit auch den sechsten Wettlauf.

Man kann sich über so vieles aufregen, über große und kleine Dinge. In dem Augenblick, in dem man »aus der Haut fährt« (was ja glücklicherweise niemals wirklich passiert), wird aber auch das Kleinste immer riesengroß. Oft sind es ja wirklich nur Kleinigkeiten. Beispielsweise ein Autofahrer, der trotz freier Fahrbahn ausprobiert, wie langsam sein Auto denn fahren kann. Es gibt nicht wenige, die sich selbst über eine solche Lappalie so erregen, dass sie den Schleicher am liebsten von der Fahrbahn drängen würden. Manchmal geschieht das (oder Schlimmeres) tatsächlich. Und dabei geht es doch nur um ein paar Minuten, die man früher an seinem Ziel wäre.

Andererseits kann man sich natürlich auch über wirklich üble Dinge erregen: Ein Mord an einem Kind beispielsweise berührt wohl jeden fühlenden Menschen. Doch zu dem verständlichen Mitleid für das Kind oder die Eltern gesellt sich oft der Wunsch nach harter Strafe; und oft wird dabei sogar der Ruf nach der Todesstrafe laut. Ein völlig sinnloser Krieg (sind Kriege das nicht immer?) kann uns so wütend machen, dass wir am liebsten eingreifen würden, um den Verursacher – notfalls mit Waffengewalt – in seine Schranken zu weisen. Hungersnöte, die reiche Länder leicht verhindern könnten, Ungerechtigkeit, korrupte Politiker, raffgierige Manager oder Nachbarn, die einem mit ihren Unverschämtheiten den Tag verderben – all das kann Wut, Hass und Gewalt in uns auslösen. Manchmal kommt auch vieles zusammen.

Es ist nicht so einfach, niemals in Wut zu geraten. Vielleicht haben ja auch Sie daher hin und wieder das Gefühl, dass Sie kurz vor dem Platzen stehen. Das ist ein Gefühl, das nicht angenehm ist. Und doch fällt es den meisten von uns schwer, völlig ohne Aggression zu leben. Der Glaube, dass Aggression zwar nicht schön ist, aber – zumindest in bestimmten Fällen – doch notwendig, ja, dass ein wenig Aggressivität sogar gut sei, ist sehr weit verbreitet.

Rantan, der Skorpion, war eigentlich ein netter Kerl. Aber oft war er so aggressiv, dass ihn die anderen mieden. Er hatte schon viel von der weisen Schildkröte Kurma gehört, und so suchte er sie eines Tages auf, um Rat zu erhalten. »Meisterin, was kann ich dagegen tun, dass ich so schnell in Wut gerate?« Kurma lächelte ihn an, sprach aber kein Wort. »Meisterin, habt Ihr mich nicht gehört?« Rantan spürte, wie die Wut in ihm aufstieg, und sein Stachel begann zu zittern. Kurma sagte immer noch nichts, sondern lächelte ihn nur freundlich an. »Ach, mögt Ihr doch vom Krokodil gefressen werden!«, schrie er schließlich und wandte sich zum Gehen. Da lachte Kurma laut auf und sprach: »Rantan, mein Lieber, sei doch nicht so hart zu dir selbst!«

Geheimnis VI – Friedfertigkeit

Wut richtet sich nicht nur gegen jemand anderen, sondern vor allem gegen den Wütenden. Wut ist immer schädlich. Am allermeisten für den, der wütend ist. Der römische Philosoph Publius Syrus sagte einmal: »Der Zornige wird gegen sich selbst wüten, wenn er zur Vernunft zurückgekehrt ist.« Und das trifft eigentlich immer zu. Denn in der Regel hält die Wut nicht lange vor. Im Zorn bricht sich die Gewalt Bahn; mit Worten oder sogar mit Taten. Die wenigsten Morde und kein einziger Amoklauf werden kaltblütig ausgeführt. Wieder bei klarem Verstand kommt oft die Scham, meist die Reue, immer aber ein neuer Ärger – der Ärger über sich selbst.

Plötzlich steht man als Tor, als Rohling oder sogar als Mörder da und weiß kaum, wie es geschehen konnte, dass man die Kontrolle so sehr verlieren konnte.

Jeder kennt wohl das Gefühl, das mit einem Kribbeln im Bauch beginnt und dann in den Kopf aufsteigt – wir machen uns bereit für Kampf oder Flucht. Unser Gefühl drängt uns zum Handeln. Wir haben das Gefühl, dass sich irgendetwas Raum verschaffen muss. Wenn wir das dann unterdrücken oder aufgrund der Umstände unterdrücken müssen, ist das sehr belastend für uns. Und das ist auch kein Wunder, denn es ist geradezu ungesund, die Wut zu unterdrücken. Leider ist es aber auch nicht besser, der Wut freien Lauf zu lassen. Nicht mit Taten, nicht mit Worten, ja nicht einmal mit verborgenen Gefühlen.

Die Friedfertigkeit ist keine Kunst, die wir nur um anderer willen kultivieren sollten – im Gegenteil: Letztlich geht es vor allem auch darum, uns selbst etwas Gutes zu tun (und uns größeren Ärger zu ersparen).

Aus Kurmas Übungen:
Der Wut auf die Schliche kommen

Erinnern Sie sich kurz an eine Situation, in der Sie sich furchtbar aufgeregt haben. Denken Sie einmal daran zurück, wie Sie sich dabei gefühlt haben (wahrscheinlich äußerst unangenehm). Stellen Sie sich in allen Einzelheiten vor, wie die Wut sich angefühlt hat – körperlich und seelisch. Können Sie sich noch daran erinnern, was Ihnen die Aufregung letztlich gebracht hat? Wahrscheinlich nichts, oder bestenfalls Bauchschmerzen. Vielleicht scheint es Ihnen so, als ob die Wut schon nützlich war; beispielsweise dann, wenn Sie sich mit Aggression durchsetzen konnten. Wenn Sie aber ein wenig selbstkritisch hinsehen, werden Sie feststellen, dass es nicht *wegen* der Wut, sondern *trotz* der Wut funktioniert hat.

Versuchen Sie in Zukunft, Ihrer Wut auf die Schliche zu kommen. Wann entsteht sie und warum? Versuchen Sie zu spüren, wie die Wut Ihren Körper verändert – wie sich Ihr Bauch, Ihr Herz oder Ihre Muskeln anfühlen. Sie müssen dazu übrigens gar nicht erst auf den nächsten großen Wutanfall warten: Schon kleine Verärgerungen genügen, um zu beobachten und seine Wahrnehmung in Bezug auf das Entstehen und Vergehen der Wut zu schärfen.

Es gibt immer eine bessere Lösung als Aggression, denn das Gehirn funktioniert einfach nicht mehr so gut, wenn die Wut das Kommando übernimmt. Wenn wir wütend sind, sind wir nicht mehr Herr im eigenen Haus, sondern nur noch ein Sklave der Wut.

Rantan suchte Kurma fortan regelmäßig auf, um Rat von ihr zu bekommen. Er hatte zwar bereits verstanden, dass seine Wutausbrüche vor allem ihm selbst schadeten, doch ihn ließ das Gefühl nicht los, dass er einfach nicht anders könne. »Meisterin, woher kommt es nur, dass ich so schnell wütend werde, obwohl ich es gar nicht will?« Kurma blickte ihm tief in die Augen und sprach voll Mitgefühl: »Mein Lieber, wovor hast du solche Angst?«

Aggression ist auch immer Angst. Das klingt vielleicht erst einmal etwas überraschend, da wir meist eher annehmen, dass Wut das Gegenteil von Angst ist. Der Ursprung der Wut in unserem Gehirn ist das sogenannte Limbische System, das unterhalb des Großhirns liegt und unter anderem für die grundlegenden Emotionen verantwortlich ist. Das ist auf der einen Seite Lust, auf der anderen Seite aber Angst oder Wut. Tatsächlich sind Wut und Angst beides natürliche Reaktionen auf Angriffe oder Bedrohungen. Ist die Bedrohung übermächtig, reagieren wir mit Angst, wenn ein Kampf aussichtsreich erscheint, mit Wut. Der Übergang ist aber fließend. Wenn wir uns angegriffen oder bedroht fühlen, steigt Angst oder Wut in uns auf, ohne dass wir (erst einmal) etwas dagegen tun könnten.

Ist es nicht verständlich, dass Aggression *immer* auch Angst ist? Fühlten wir uns nicht bedroht, würden wir weder Angst noch Wut spüren.

Als die Menschen noch in den Höhlen hausten, hatten sowohl Angst als auch Aggression eine große Bedeutung: Mit einem Bären oder Säbelzahntiger lässt sich nur schwer eine einvernehmliche Lösung finden. Auch wenn wir mitunter unsere Mitmenschen als Affen, Esel oder Schweine bezeichnen – mit Menschen können wir eine geistige Verbindung aufnehmen, wir können herausfinden, was sie wollen, nach Lösungen suchen und dabei mehr erreichen als mit den alten, instinktiven Überlebensmechanismen.

Rantan hatte viel über das nachgedacht, was er bei Meisterin Kurma gelernt hatte: An der Wurzel seiner Wut saß die Angst. »Es ist wohl so, dass meine Angst, ausgelacht und nicht anerkannt zu werden, mich so leicht aufbrausen lässt«, sagte er. »Ich habe versucht, die Wut im Zaum zu halten, doch nun brodelt es in mir.« Darauf Kurma: »Ein Feuer in eine Strohhütte sperren – so verhütet man keinen Brand.«

Wie kann man mit der eigenen Wut umgehen? Das ist wohl gar nicht so einfach. Sollte man seine Aggressionen zügeln, oder ist es nicht auch manchmal gut, »Dampf abzulassen«? Das Bild des brodelnden Dampfkessels scheint ja zuzutreffen – und wenn Wut

Wasser wäre und Sie ein Kochtopf, dann wäre sicherlich Dampf ablassen die einfachste Lösung. Wut ist aber nun einmal kein Dampf und der Mensch kein Topf. Auch wenn die Metapher gefühlsmäßig zutrifft (jemand der wütend ist, spürt einen inneren Druck), passt sie doch nicht auf die emotionale Lage: Zu toben, wenn man Wut spürt, hilft nicht wirklich. Und schon gar nicht Ihnen, wenn Sie wütend sind.

Aber eines ist richtig: Die Wut mit aller Kraft zu unterdrücken, jede Beleidigung, jeden Stress zu »schlucken«, tut auch nicht gut. Zwar wird niemand wirklich platzen (im Gegensatz zum verschlossenen Dampfkessel), doch es ist ja schon schlimm genug, wenn Sie sich gestresst und unter Druck fühlen – im Laufe der Zeit werden Sie sich damit nur Magengeschwüre, Herzprobleme, in jedem Fall aber eine schlechte Stimmung einhandeln.

Wenn wir Aggressivität spüren und sie in uns verschließen, richtet sie sich gegen uns. Es gibt Menschen, die nie ein lautes Wort oder eine Beleidigung über die Lippen brächten, ganz zu schweigen davon, gewalttätig gegenüber anderen zu werden. Und doch sind sie nicht friedfertig. Ihre Aggression ist nur nach innen und nicht nach außen gerichtet. Sie sind nicht friedfertig, nur gehemmt. Obwohl es von außen ähnlich wirkt, so ist es doch ein bedeutender Unterschied.

Manchmal geht das Verdrängen der Wut sogar so weit, dass der Betroffene die Wut gar nicht mehr als Wut wahrnimmt, sondern als Unruhe, innere Angst oder Depression.

Auch Gewalt gegen sich selbst ist Gewalt. Gewalt aber, das haben wir ja schon festgestellt, ist niemals hilfreich.

Wir stehen also vor einer merkwürdigen Situation: Die Wut herauszulassen, schadet anderen und uns selbst. Aber die Wut nach innen zu richten, ist kaum besser. Zwar scheint es zunächst so, dass es immerhin *ein wenig* besser wäre, da wir immerhin anderen nicht schaden. Doch nicht einmal das trifft wirklich zu. Ein Mensch, der sich selbst zugrunde richtet, weil er voller Wut ist und die Wut gegen sich selbst wüten lässt, wird kein zufriedener Mensch sein. Und allein dadurch wird er wiederum auf andere wirken. Diese Wirkung wird nicht positiv sein, denn sie hat ihren Ursprung in der zerstörerischen Kraft der Aggression.

Rantan hatte das Gefühl, dass etwas an dem, was die Meisterin sagte, nicht ganz stimme. »Eigentlich will ich ja gar nicht aggressiv sein. Nun gut, es ist vielleicht richtig, dass ich wegen einer tief sitzenden Angst so hitzig reagiere. Aber ich reagiere doch nur dann, wenn etwas passiert. Wenn ich nicht das Gefühl hätte, dass mich jemand angreifen würde, wäre ich bestimmt ganz ruhig.« Kurma lachte. »Mein Lieber, da hast du freilich recht. Du wirst nur wütend, wenn du dich angegriffen fühlst. Zum Beispiel, wenn eine Ameise hustet.«

Aggression hat einen Auslöser. Das heißt aber noch nicht, dass der Auslöser die Aggression *macht*. Wenn Regenwolken am Himmel erscheinen, werden die Menschen ihre Regenschirme aufspannen.

Die Regenwolken sind also der *Auslöser* – aber natürlich ist es keineswegs so, dass die Regenwolken irgendwie am Regenschirmaufspannen beteiligt wären!

Die Auslöser von Aggressionen liegen also tatsächlich außerhalb aggressiver Menschen, aber diese Auslöser sind nicht wirklich für die Aggression verantwortlich. Wenn Wut und Aggression entstehen, *empfindet* der Betreffende etwas als Bedrohung. Das heißt weder, dass er tatsächlich bedroht ist, noch, dass er die Bedrohung bewusst wahrnimmt. Äußere Ereignisse allein »machen« die Wut nicht.

Wenn wir uns genau ansehen, was wirklich passiert, wenn jemand wütend wird, sehen wir, dass jemand, der aggressiv wird, immer davon überzeugt ist, dass *andere* ihn wütend *machen* und dass er selbst eigentlich wenig dazu beiträgt. Das ist eine ganz normale Reaktion. Denn niemand *will* gern wütend sein. Aber es geschieht dennoch, und zwar genau dann, wenn er sich hilflos fühlt.

Beispielsweise auf der Autobahn: Der Fahrer, der schnell fahren will, aber nicht kann, weil der Fahrer vor ihm langsamer ist, wird wütend, weil er glaubt, in seiner Freiheit behindert zu werden. Er blinkt, hupt, fährt dicht auf, zeigt dem anderen einen Vogel – und nichts hilft. Er ist hilflos und wird immer wütender. Der langsame Fahrer fühlt sich bedrängt, dazu gezwungen schneller zu fahren oder hektisch die Spur zu wechseln, obwohl er doch schon über 100 fährt. Er sieht, dass der Fahrer hinter ihm eine Gefahr für andere Menschen darstellt, aber wahrscheinlich ungestraft davonkommt. Er tritt kurz auf die

Geheimnis VI – Friedfertigkeit

Bremse, fährt noch etwas langsamer, zeigt dem anderen einen Vogel – und nichts hilft. Er ist hilflos und wird immer wütender.

Beide fühlen sich hilflos. Beide glauben, »im Recht« zu sein. Beide werden wütend. Und beide glauben, dass der andere Fahrer ihre Wut ausgelöst hat.

Vielleicht meinen Sie das bisher ja auch noch? Viele Menschen wären seltsam berührt, wenn ihnen ein Fremder auf der Straße die Zunge herausstreckt. Manch einer wird das als Beleidigung empfinden und wahrscheinlich würden einige aggressiv darauf reagieren. Stellen Sie sich vor, Ihnen würde das passieren. Wären sie amüsiert, beleidigt, aggressiv? Und wie würden sich Ihre Gefühle verändern, wenn Sie erfahren, dass der Zungeherausstrecker aus Tibet kommt, wo das eine freundliche Begrüßung ist?

Wenn wir wütend werden, sollten wir uns also die Auslöser der Aggression genau ansehen, um herauszufinden: »Worauf reagiere ich?« Dann werden wir beginnen, darüber nachzudenken, *warum* wir in bestimmten Situationen Wut entwickeln. Zuerst wird der Verstand versuchen, unsere Reaktion zu rechtfertigen. Beispielsweise wird er sagen: »Der Raser gefährdet mich ja *wirklich*!« Doch dann, wenn wir diese Gründe hinter uns lassen und die Frage stellen: »Ja, aber warum werde ich deswegen wütend?«, werden wir den Blick vom Außen auf das Innen wenden.

»Wann will ich um mich schlagen? Gegen was will ich mich wirklich verteidigen?« Dabei werden wir auf zwei Antworten stoßen: Erstens werden wir immer dann wütend, wenn unsere Werte verletzt werden, zweitens taucht Wut immer dann auf, wenn wir uns hilflos fühlen.

Rantan war verwirrt. »Meisterin, ich habe schon verstanden, dass es nicht gut ist, wenn ich meine Wut in mir einsperre und dabei innerlich verbrenne. Und dass ich meiner Wut nicht freien Lauf lassen kann, habe ich auch eingesehen. Es mag ja wirklich sein, dass ich wütend werde, wenn ich mich hilflos fühle – aber was kann ich tun?« Kurma schüttelte den Kopf. »Ein Feuer kann am Boden deinen Bau unter dem Baum verbrennen oder aber das Nest des Vogels oben im Baum. Der Unterschied ist nicht groß, denn der Baum nimmt Schaden. Ein Feuer kann aber auch den Teekessel wärmen und Licht spenden. Dann, mein Lieber, ist der Unterschied wohl groß!«

Friedfertig können wir nicht mit Gewalt werden. Friedfertigkeit bedeutet nicht, die Wut »im Griff« zu haben, sondern keine Wut zu haben. Das ist einfach gesagt, aber nicht ganz so leicht verwirklicht. Allerdings auch wieder nicht so schwer.

Es wird vielleicht klarer, wenn wir die Aggressivität einmal nicht negativ sehen, sondern sie ganz neutral als eine Energie in uns betrachten, die »arbeiten« muss. Wenn es gelingen sollte, diese Kraft in andere Bahnen zu lenken, wird sie ihren negativen Charakter verlieren. Dann wird aus der Aggressivität ... ja, was? Stärke, Entschlossenheit, Bewusstheit, Liebe ...

Aber sehen wir uns zunächst einmal genauer an, wie sich die innere Energie als Aggression Bahn bricht.

Im Gehirn läuft ein Feuerwerk ab, immer wenn wir denken, handeln oder fühlen. Je nachdem, um welche Gedanken, Verhaltensweisen oder Gefühle es sich handelt, hat das Feuerwerk einen charakteristischen Verlauf. Die Nervenimpulse laufen durch ganz bestimmte Nervenbahnen und lösen immer wieder dieselben Assoziationen, Gedanken und Gefühle aus. Bei einem Baby sind die Bahnen zwischen den Nervenzellen nicht sehr ausgeprägt; sie sind keine Autobahnen, sondern eher wie Trampelpfade im Urwald. Je öfter aber ein solcher »Trampelpfad« benutzt wird, desto breiter wird er und desto schneller kommen die Nervenimpulse auf ihm voran.

Für unsere Gefühle bedeutet das: Je öfter wir Wut empfinden – und zwar ganz gleich, ob wir sie ausleben oder unterdrücken – desto schneller und häufiger werden wir wütend sein. Wer seine Aggression auslebt, »übt« das Ausleben ein, wer sie unterdrückt, »übt« unangenehme Gefühle und Bauchschmerzen.

Wenn wir diese Zusammenhänge kennen, sehen wir, dass es etwas anderes gibt, als Aggression auszuleben oder zu unterdrücken. Was geschieht wohl, wenn wir Wut in andere Bahnen lenken, beispielsweise in Bahnen der Gelassenheit? Die Gelassenheit würde im Laufe der Zeit immer größer werden! Das *kann* selbstverständlich nicht sofort gehen – der »Trampelpfad durch den Dschungel des Gehirns«

muss durch häufiges, zunächst etwas mühseliges Durchkämpfen gebahnt werden. Und wir müssen ein »Umleitungsschild« in unserem Kopf aufstellen, das die Gedanken und Gefühle von der breiten Nervenzellenautobahn, die zur Aggression führt, auf den noch unsicheren Dschungelpfad lenkt, der Friedfertigkeit bedeutet.

Natürlich können wir nicht direkt die Abläufe in unserem Gehirn verändern. Doch indirekt geht das sehr gut. Das Allerwichtigste ist, das Gefühl der Hilflosigkeit zu überwinden. Das heißt, wir müssen uns wieder »ermächtigen« – oder anders gesagt wieder das Gefühl bekommen, die Kontrolle über die Situation zu haben. Und das ist nicht so schwer: Denn wir haben die Kontrolle! Alles was wir tun müssen, ist die neue Perspektive einzuüben:

- Wenn ein unverschämter Nachbar Sie anbrüllt, lachen Sie innerlich und sagen Sie sich, dass der arme Kerl ja wie Rumpelstilzchen kurz vor dem Herzinfarkt aussieht und sicher darunter leidet.

- Ein Bürokrat versucht, Sie in den Wahnsinn zu treiben, doch Sie reagieren nicht ungehalten, denn Sie wissen, dass Sie stark sind und er nur ein Rädchen in der komplizierten Bürokratiemaschine und dass Sie ihn am besten positiv beeinflussen können, wenn Sie freundlich, ruhig und bestimmt auftreten.

- Sie hören von einem gierigen Manager, der Tausende von Arbeitsplätzen vernichtet und dafür eine Millionenabfindung erhält, doch Sie regen sich nicht auf, sondern schütteln voll Bedauern den Kopf und haben Mitleid mit dem armen Menschen, der von seiner Geld- und Machtgier getrieben wird, so erbärmlich zu handeln.

 Eine Kassiererin zerrt die Waren unfreundlich über den Scanner, würdigt Sie keines Blickes und macht ein unfreundliches Gesicht, doch Sie wissen, dass Sie den Laden in einer Minute verlassen werden, während die Dame an der Kasse es noch den ganzen Tag lang mit ihrer eigenen miesen Laune aushalten muss.

Seine Perspektive auf diese Art und Weise zu verändern, ist natürlich etwas einfacher gesagt als getan. Doch im Grunde muss man nur die dazwischenfunkenden Gedanken abfangen, die einem zurufen: »Ich kann mir doch nicht alles gefallen lassen!« Und das geht ganz leicht, wenn Sie erst einmal festgestellt haben, dass die Dinge dadurch einfach viel besser laufen und Sie sich viel wohler in Ihrer Haut fühlen.

Natürlich bedeutet es ein wenig »Arbeit« und Achtsamkeit, um die Perspektive zu verändern, Aggressionsauslöser neu zu bewerten und gute Gefühle einzuüben. Doch die Arbeit lohnt sich! Sie werden schon beim ersten Versuch spüren, wie gut es tut, nicht *hilflos* der Wut ausgeliefert zu sein, sondern sie zu kontrollieren – einfach indem Sie sie ein wenig anders betrachten.

Anfangs erfordern diese neuen Reaktionen viel Achtsamkeit, denn die sollten schon beim ersten Anflug von Wut ansetzen. Nach einiger Zeit verändern sich dann aber allmählich die »Wutpfade« im Gehirn. Die »Autobahnen« veröden, überwuchern und werden immer weniger befahren, während die neuen »Gelassenheitspfade« immer zugänglicher und breiter werden, bis sie schließlich zu den neuen »Autobahnen« werden.

Wir haben es in der Hand, zumindest erst einmal unsere eigenen Aggressionen in neue Bahnen zu lenken. Die »neue Perspektive« ist der beste Weg dahin. Aber es gibt auch noch andere Möglichkeiten: beispielsweise mit der und über die sinnlose Wut zu lachen.

Aus Kurmas Übungen:
Gespiegelte Wut

Mit dieser Übung werden Sie sich nicht nur besser kennen lernen, sondern möglicherweise sogar Spaß haben. Ganz besonders aber werden Sie davon profitieren, wenn Sie zu Aggression oder Wutanfällen neigen. Wenn Sie ein sehr friedlicher und ruhiger Mensch sind – macht nichts: Auch für Sie könnte die Übung vielleicht ein paar Einsichten bringen.

Die Übung ist ganz einfach. Alles, was Sie dazu benötigen, ist ein Spiegel und etwas Ungestörtheit (um Ihre Familie nicht zu irritieren).

Stellen Sie sich vor den Spiegel, und versuchen Sie, ein wütendes Gesicht zu machen. Versuchen Sie, die Wut zu spüren. (Das ist der schwierigste Teil für friedliche Menschen.) Sie können sich dazu auch Situationen oder Menschen vorstellen, die Sie richtig wütend machen können. Spüren Sie, wie die Aggression allmählich in Ihnen hochsteigt. Und dann blicken Sie in Ihr wutverzerrtes Gesicht – übertreiben Sie ruhig ein bisschen! Wenn Sie finden, dass Ihr Anblick im Spiegel einer gewissen Komik nicht entbehrt, dann lassen Sie Ihrem Lachen freien Lauf.

Jemand, der leicht aggressiv wird, wird nach der Übung vielleicht schon ein Stück friedlicher sein, wenn er seine Aggression mit seinem Bild im Spiegel verbindet. Jemand, der Aggressionen kaum kennt, kann ein Stück weit erfahren, wie es für andere ist, aggressiv zu sein.

 *Kurma spricht: »Kämpfe nicht mit der Wut – denn dann gewinnt sie. Lasse sie nicht angreifen – und du hast gewonnen!«*

In diesem Abschnitt ging es darum, dass Aggression immer schädlich ist – und zwar für den Wütenden. Es ist also nicht gut, Aggression auszuleben, aber auch nicht seine Wut nach innen zu kehren. Wenn wir erkennen, dass wir aggressiv werden, wenn wir uns hilflos fühlen, können wir Wege finden, in uns wieder das Gefühl der eigenen Stärke zu finden, die dann die Aggression, die immer auf Angst und Hilflosigkeit gründet, unnötig macht. Wir können sogar lernen, über unsere Aggression zu lachen – und sie dadurch in neue Bahnen lenken.

Meisterin Yuna, die besserwisserische Eule, suchte Kurma eines Tages auf, um mit ihr über Frieden und Gerechtigkeit zu diskutieren. »Kurma, Euer Gerede von Friedfertigkeit klingt freilich sehr edel. Doch wie soll das gehen? Ihr wisst so gut wie ich, dass es böse Wesen gibt, die gewalttätig sind, weil es ihnen Freude macht.« Kurma schüttelte den Kopf. »Freude?« Yuna fuhr etwas verunsichert fort. »Nun, vielleicht nicht wirklich Freude. Aber es ist nun einmal ihr Wesen, ihr Charakter, ihre Tradition – nennt es, wie Ihr wollt. Man kann solche Gewalttäter doch nicht einfach wüten lassen. Erinnert Ihr Euch noch an den schwarzen Wolf, der mit seinem Rudel den ganzen Wald beherrschen wollte? Es gab keinen anderen Weg, als ihn zu töten! Hätte man ihn einfach gewähren lassen sollen?« »Ach, Yuna«, seufzte Kurma. »Der kürzeste Weg ist nicht immer der beste und der einfachste nicht der wertvollste.«

Ist Gewalt manchmal unvermeidlich? Beispielsweise, wenn Sie angegriffen werden: Bedeutet Friedfertigkeit etwa, den Angriff zuzulassen?

Nicht unbedingt. (Obwohl Jesus lehrte: Wenn dich einer auf die rechte Wange schlägt, halte ihm die linke hin! Dieser Rat ist viel klüger, als die meisten Menschen heute glauben.) Es gibt beinahe immer Alternativen. Fast immer sogar mehr als eine. Zum Beispiel:

 Flüchten: Das ist oft nicht die schlechteste Strategie, wenn man körperlich angegriffen wird. Was manche als Feigheit bezeichnen, ist oft nur Klugheit. Selbst dann, wenn man dem Angreifer überlegen wäre – mit einer Flucht kann man es vermeiden, ihn zu verletzen.

 Verwirren: Das ist eine sehr gute Methode; vor allem dann, wenn es darum geht, Zeit zu gewinnen. Mitunter kann man durch Verwirrung einen Angreifer auch vollkommen aus dem Konzept bringen. Es erfordert allerdings einige Geistesgegenwart, einem Räuber, der einen mit einem Messer bedroht, zu sagen: »Ja, es ist 25 Uhr 78!«

 Beruhigen: Jemand, der nicht absichtlich aggressiv wird, sondern wütend ist, kann meist beruhigt werden. Das erfordert aber, dass man ihn ernst nimmt und bemüht ist, ihn auch zu verstehen.

 Helfen: Aggression ist immer auch ein Ausdruck von Hilflosigkeit. Was also liegt näher, als zu helfen? Dafür ist aber natürlich meist ein hohes Maß von Einfühlungsvermögen nötig.

 Zusammenhalten: Viele Menschen, die Opfer aggressiver Akte werden, sind ebenso Opfer der Wegschau-Mentalität ihrer Mitmenschen. Wenn ein Mensch bedroht wird und sich mehrere einmischen, wird die Bedrohung meist enden. Dafür muss aber einer den Anfang machen, nicht wegsehen und andere zur Solidarität auffordern.

Schützen: eine überschätzte Möglichkeit. Meist wird die Sicherheit durch gesteigerte Aggression oder Verlust der persönlichen Freiheit erkauft. Und doch ist es immer noch besser als Gewalt.

 Belehren: Mit Absicht haben wir diesen Begriff gewählt und nicht »Selbstverteidigung«. Denn die beste Selbstverteidigung ist *nicht* die, die den Angreifer verletzt, sondern die, die ihm die Unsinnigkeit seines Tuns vor Augen führt. Das beste Beispiel dafür ist die japanische Kampfkunst Aikido, in der es keine Angriffstechniken gibt, sondern die Kraft des Angreifenden umgeleitet wird, sodass er, je aggressiver er angreift, desto härter fällt.

 *Meisterin Yuna wollte nicht klein beigeben und eingestehen, dass sie durchaus verstanden hatte, was Kurma meinte. »Kurma, es ist ja alles schön und gut, was Ihr sagt. Ich aber sage: Übe Güte gegenüber den Guten und Gerechtigkeit gegenüber den Unguten – so kommt Gerechtigkeit in die Welt.« Kurma lächelte Meisterin Eule freundlich an. »Ich halte es so: Übe Güte gegenüber den Guten und Güte gegenüber den Unguten. So kommt Güte in die Welt.«*

In einer Welt, in der es immer noch Ungerechtigkeit, Gewalt, Folter und Diktatoren gibt, scheint es auf den ersten Blick beinahe unmöglich, ohne Gewalt auszukommen. Selbst intelligenten und gutwilligen Menschen erscheint Gewalt oft der einzige Ausweg zu sein.

Doch Gewalt führt immer zu Gegengewalt. Ohne Ausnahme. Nur kurzfristig scheinen aggressive Mittel ein Weg zu sein. Doch es gibt – wenn auch noch zu wenige – Beispiele, wie Friedfertigkeit zum Ziel führt.

Vor hundert Jahren war Indien eine britische Kolonie. Engländer regierten und Inder hatten zu gehorchen. Die Gesetze waren ungerecht, und viele Inder sehnten sich nach Unabhängigkeit, die die Briten, schon allein aus wirtschaftlichen Gründen, nicht einmal in Erwägung zogen. Doch dann trat ein junger Inder in der Öffentlichkeit auf, der bereits in Südafrika 22 Jahre lang für eine bessere Behandlung seiner Landsleute gewaltlos gekämpft hatte: Mohandas Karamchand Gandhi. Bei seiner Ankunft in Indien gab ihm der Nobelpreisträger Rabindranath Tagore seinen Ehrennamen, unter dem er heute noch bekannt ist: Mahatma (»Große Seele«).

Mahatma Gandhi war fortan der Führer der indischen Unabhängigkeitsbewegung: ein Unternehmen, das zu dieser Zeit völlig aussichtslos erschien. Es hatte schon früher Aufstände gegen die Besatzer gegeben, die stets blutig niedergeschlagen wurden. Gandhi kämpfte jedoch nicht. Er setzte seine Philosophie des *Satyagraha* (»beständiges Festhalten an der Wahrheit«) um – eine Strategie, die im Wesentlichen darauf beruht, den Gegner nicht als Feind zu betrachten, sondern mit Freundlichkeit und gewaltfreiem Widerstand sein Herz, seine Vernunft und sein Gewissen anzusprechen.

Gandhi hatte erkannt, dass Gewalt oder Drohungen stets mehr Gewalt bewirken, dass Gewalt nur scheinbar und kurzfristig

Probleme zu lösen scheint. Der einzige Weg, die Gewaltspirale zu durchbrechen, ist Gewaltlosigkeit. Das erschien damals, wie auch den meisten Menschen heute noch, als sehr blauäugig. Doch Gandhi wusste, was er tat. Er betrachtete seinen Weg des Satyagraha und des gewaltlosen Widerstandes nicht etwa als »Waffe der Schwachen«, sondern als »Werkzeug der geistig Stärksten«.

Mit seinen Aktionen – er verweigerte den Gehorsam, widersetzte sich unmoralischen Gesetzen, bewegte die Menschen dazu, das Salzmonopol zu umgehen – zog er natürlich den Zorn der Briten auf sich. Er wurde misshandelt und ins Gefängnis geworfen; er verbrachte insgesamt acht Jahre seines Lebens in Gefangenschaft. Doch das gehörte zu seiner Philosophie: Wenn es nicht gelingt, die Machthaber von der Ungerechtigkeit zu überzeugen, verletzt man diese Gesetze und nimmt die Bestrafung und Leiden auf sich. Dadurch appelliert man an das Herz und das Gewissen der Herrschenden.

Das scheint auf den ersten Blick beinahe verrückt. Doch es ist eben keine kurzfristige Strategie, die sofortigen Vorteil verschafft. Auf lange Sicht jedoch, davon war Gandhi überzeugt, wird der Gegner der Vernunft, dem Gewissen und der Kraft des Herzens nicht widerstehen können. Und in der Tat gewann Indien 1947 seine Unabhängigkeit – was allein Gandhi zu verdanken war, der viele Jahre lang seine Methode des gewaltfreien Widerstandes entwickelt, verbreitet und konsequent umgesetzt hatte.

Geheimnis VI – Friedfertigkeit

Gandhis »Methode« war seine Philosophie des *Satyagraha*, was etwa »beständiges Festhalten an der Wahrheit« bedeutet. Gandhi war davon überzeugt, dass der Kraft der Wahrheit und des Herzens auf Dauer nichts widerstehen kann. Praktisch bedeutete das im Bestreben nach Indiens Unabhängigkeit: Appelle und Petitionen gegen ungerechte Gesetze, um den Machthabern die Ungerechtigkeit vor Augen zu führen. Das bewirkte nicht viel. Darauf setzte er passiven Widerstand ein, indem jegliche freiwillige Handlungen, die das System stützen, eingestellt wurden. Die nächste Stufe war der zivile Ungehorsam: Ungerechte Gesetze wurden nicht befolgt und ungerechte Steuern nicht bezahlt. Das führte natürlich zu Sanktionen – Gandhi und seine Anhänger wurden immer wieder inhaftiert. Indem sich jedoch immer mehr Menschen Gandhis Bewegung anschlossen, trat allmählich ein Bewusstseinswandel ein, der schließlich zur Unabhängigkeit führte.

Natürlich können wir das alles hier nur sehr verkürzt darstellen, und viele Menschen werden vor allem einwenden, dass Ghandi ein sehr ungewöhnlicher, willensstarker Mensch war. Das ist natürlich richtig. Doch es zeigt eben, dass Gewalt nicht notwendig oder auch nur sinnvoll ist, um gegen einen scheinbar übermächtigen Gegner anzutreten.

Wenn man auch nicht bestreiten kann, dass Gandhi eine Ausnahmeerscheinung war und dass *Satyagraha* einem Menschen sehr viel abverlangt: Was ist die Alternative? Wie kann man mit Diktatoren, Unterdrückern, Massenmördern, Terroristen und Unrechtsregimen umgehen?

Es gibt sicher keine einfache Antwort. Doch die Welt kann nur durch Verzicht auf Gewalt, nicht durch mehr Gewalt von Gewalt geheilt werden. Das bedeutet nicht, die Augen zu verschließen. Manche Situationen sind so, dass sie nicht so bleiben können: Dann müssen wir nach Lösungen suchen. Das erfordert viel Kreativität, Einfühlungsvermögen, Kraft, Umsichtigkeit und Klugheit. Friedfertigkeit bringt daher notwendigerweise die besten Eigenschaften des Menschen zum Vorschein, während Gewalt, selbst dann, wenn sie »gut gemeint« ist, immer die schlechtesten Eigenschaften verstärkt. Friedfertigkeit ist keine Dummheit – sie beruht auf der Einsicht, dass die einfachste Antwort sicher nicht die klügste ist. Gewalt führt zu Gewalt. Jeder gewaltsame Tod erzeugt Hass. Hass erzeugt wieder Gewalt und neuen Hass.

Rantan kam dazu, als Meisterin Yuna gerade mit Kurma diskutierte. Yuna sagte gerade: »Es ist ja sehr edel von Euch, dass Ihr immer nur Güte zeigen wollt. Doch das geht ja nicht: Es ist unsere Pflicht, die Dummen und die Bösen auf den rechten Weg zu führen!« Plötzlich sah sie Rantan und flog erschreckt auf. »Kurma, gebt acht! Dort ist ein Skorpion. Rasch, zertretet ihn!« Rantan und Kurma blickten sich amüsiert an. »Ach Yuna! Wenn ich alle meine Schüler zerträte, wie sollte ich da lehren?« Peinlich berührt setzte sich Yuna wieder und räusperte sich. »Hm, nun ja. Die Dummen und die Bösen müssen wir belehren.« Kurma darauf: »Wer kann die Dummen und die Bösen belehren, wenn er sie nicht versteht?«

Wenn man Gewalt rechtfertigen will, braucht man zumindest eines: das Bewusstsein, dass die eigene Sicht die richtige ist und die des anderen die falsche. Einer der ersten Schritte zur Friedfertigkeit ist daher zu verstehen, dass es andere Meinungen, Ansichten, Blickwinkel gibt. »Betrachte immer alles aus mindestens zwei Perspektiven«. Wenn es gelingt, diese Regel im Alltag anzuwenden, wird fast immer die Idee, dass Gewalt eine sinnvolle Lösung sein könnte, in sich zusammenfallen.

Gibt es zwei Möglichkeiten, etwas zu sehen, kann kein Fanatismus entstehen. Und ohne verzweifeltes Anklammern an eine Ansicht gibt es keine Angst, die zur Aggression führt.

Aus Kurmas Übungen:
Frosch und Adler

In dieser Übung geht es darum, zwei Perspektiven einzunehmen. Das müssen nicht unbedingt komplizierte philosophische oder weltanschauliche Perspektiven sein. Wenn Sie sich in einer Situation aufgeregt und hilflos fühlen, befinden Sie sich in der »Frosch-Perspektive«: Sie sind unten, die anderen oben, »über Ihnen«. Betrachten Sie nun dieselbe Situation noch einmal aus der »Adler-Perspektive«, von ganz weit oben. Sie werden feststellen, dass diese neue Sicht auf die Welt Ihre Gefühle verändert. Sie betrachten das Ganze distanziert, von einem übergeordneten Punkt.

Probieren Sie das doch einmal aus, wenn Sie beispielsweise mit der ungerechtfertigten Kritik eines Kollegen konfrontiert sind. Nehmen Sie zunächst wahr, wie Sie automatisch die »Frosch-Perspektive« einnehmen. Sie fühlen sich hilflos und werden wütend oder es kocht in Ihnen. Nehmen Sie dann bewusst die »Adler-Perspektive« ein. Sehen Sie sich und Ihren Kollegen wie aus großer Höhe. Das macht Sie nicht arrogant, sondern nur gelassen: Sie werden leichter Ruhe bewahren können, fühlen sich nicht »von oben herab« behandelt (Sie stehen ja darüber), und es ist Ihnen gleichzeitig möglich, die Argumente Ihres Kollegen unvoreingenommen wahrzunehmen.

Es ist sicher nicht immer einfach, eine fremde Perspektive einzunehmen. Seinen Aggressionen freien Lauf zu lassen, ist da schon viel leichter, denn die schwierige Suche nach Lösungen bleibt einem so erspart. Die Frage ist nur, ob auf diese Weise überhaupt Lösungen gefunden werden können.

Das beginnt nicht erst in der großen Politik, nicht einmal in der Tagespolitik, nicht einmal im Alltag eines Erwachsenen, sondern schon im Kleinen. Oder vielmehr bei den Kleinen: Eltern fällt es gegenüber ihren Kindern oft ausgesprochen schwer, friedfertig zu bleiben. Kaum etwas ist aber so wichtig.

Ob ein Kind schreit, tobt, nicht gehorcht, frech ist, etwas kaputt macht – immer noch ist die Antwort darauf nicht selten Gewalt, glücklicherweise nicht mehr so oft körperliche Gewalt (obwohl auch das wieder zunimmt). Aber jede Maßnahme, die die Würde des Kindes verletzt, die nicht lehrt, sondern zwingt oder, fast noch schlimmer, durch Gleichgültigkeit bestraft, verletzt die Seele des Kindes. Die einzige Lehre, die Kinder aus Gewalt ziehen, ist die, dass Gewalt berechtigt und »normal« ist.

 *Kurma spricht: »Du kannst keinem Vogel helfen, auf die Welt zu kommen, indem du mit einem Stein auf ein Ei schlägst.«*

Wir haben in diesem Abschnitt überlegt, ob Gewalt manchmal sinnvoll sein kann. Manchmal mag es so scheinen, doch der Schein trügt, da Gewalt nur zerstört, aber nichts aufbaut. Da Aggression immer neue Aggression nach sich zieht, kann nur Friedfertigkeit die Lösung bringen. Friedfertigkeit ist aber nicht dasselbe wie Passivität. Lösungen zu finden mag sehr schwer sein – mit Gewalt eine Lösung zu suchen heißt jedoch, die Suche nach einer Lösung aufzugeben.

Rantan war froh, seine frühere Aggressivität überwunden zu haben. Doch immer wenn er von den vielen Grausamkeiten in der Welt hörte, spürte er, wie die alte Wut in ihm aufkam. Mittlerweile konnte er aber schnell wieder ruhig werden – und doch war er beunruhigt. »Meisterin, wir leben glück-

lich und in Frieden. Aber was ist mit den armen Geschöpfen, die unter Unwissenheit, Begierde und Gewalt leiden? Können wir nichts tun, um zu helfen?« Kurma schloss die Augen und sagte: »Du hast den Frieden in dir noch nicht gefunden.« Rantan überlegte eine Weile. Dann sprach er: »Ihr habt wohl recht. Doch wenn ich den Frieden in mir gefunden habe – was kann ich dann tun?« Kurma öffnete die Augen und lächelte ihn strahlend an. »Wenn es in dir vollkommen friedlich ist, was könnte dann unfriedlich sein?«

Frieden bedeutet, nicht gegeneinander, sondern miteinander zu handeln. Dazu ist es keineswegs notwendig – ja oft nicht einmal wünschenswert –, das Gleiche zu tun. Beispielsweise bei einem Fußballspiel:

22 Spieler können *miteinander* spielen. 11 Spieler versuchen, in das eine, die anderen 11 in das andere Tor zu treffen. Dass sie unterschiedliche Ziele haben, macht das Spiel aus; es ist keine Feindschaft. Jeder Spieler respektiert seine Mitspieler, vermeidet, seinen Mitspielern Schaden zuzufügen, und kann darauf vertrauen, dass sie ihn nicht verletzen. Das Spiel gründet auf der Freude an der Bewegung und am Erkunden der eigenen Grenzen.

22 Spieler können aber auch *gegeneinander* spielen. Zwei feindliche Parteien stehen einander gegenüber, die darum kämpfen, den anderen zu besiegen. Um beinahe jeden Preis. Wenn der Gegner nicht verletzt wird, dann nur deshalb, um möglichen Strafen zu entgehen. Aber wenn es sich lohnt, wird der Feind auch dann verletzt.

Das Spiel gründet auf Geltungsdrang und Eigennutz.

Im Profi(t)fußball spielen die Spieler nicht miteinander, sondern gegeneinander – die Folgen sind Verletzungen, Wut und Enttäuschung. Und die Spieler haben nicht annähernd so viel Freude am Spiel wie Kinder bei demselben Spiel. Selbst bei Spielen gibt es selten Friedfertigkeit. Das ganze Leben scheint ein Kampf zu sein.

Aggression ist natürlich. Ein Tier überlegt nicht, sondern handelt auf die simpelste, einfachste und unmittelbarste Art und Weise – gedankenlos. Ist es krank, kann es nicht darüber nachdenken, dass es vielleicht vernünftig wäre, sich einem Menschen gegenüber sanftmütig zu verhalten, damit er es zum Tierarzt bringt – es wird viel eher wütend oder verängstigt aggressiv reagieren. Aggression ist natürlich, aber tierisch. Sie ist des Menschen, der sich seiner Möglichkeiten bewusst ist, unwürdig.

Alle Religionen lehren Friedfertigkeit. Und doch kämpfen ihre Anhänger mit- und gegeneinander, als hätten Jesus, Mohammed oder Buddha niemals gelebt. Können wir überhaupt hoffen, mehr Frieden in die Welt zu bringen?

Immerhin können wir einen kleinen, aber sehr wichtigen Teil der Welt in eine Insel der Sanftmut verwandeln: uns selbst.

Wir sollten zunächst damit beginnen, den Frieden in uns selbst zu suchen. Wenn wir schon mit uns selbst kämpfen, wenn wir uns selbst Gewalt antun, wenn unsere Gedanken und Gefühle gegeneinander streiten: Wie soll Frieden im Äußeren sein, wenn er nicht wenigstens schon im Inneren ist?

Der Weg zu innerem Frieden ist Meditation.

- Wir können einfach friedlich sitzen.
- Wir können unserem Atem folgen.
- Wir können die Gedanken bei Musik oder Malerei friedlich werden lassen.

Ist die Sanftmut erst einmal in uns, wird es uns schon viel leichter fallen, auch friedfertig nach außen zu handeln. Wir müssen keine Staatsmänner und Würdenträger sein, um Frieden in die Welt zu bringen:

- Wir können unsere Kinder ohne Gewalt groß werden lassen.
- Wir können mit unseren Freunden und unserer Familie verständnisvoll umgehen.
- Wir können fremden Menschen offen und friedfertig begegnen.
- Wir können unsere Untergebenen respektieren und sie nicht in ihrer Würde verletzen.
- Wir können unsere Vorgesetzten als Mitmenschen und nicht als Feinde betrachten.
- Wir können gewaltfrei kommunizieren.

Jeder ist ein Teil der Welt. Alle Teile der Welt sind untrennbar miteinander verwoben. Der Einzelne und die Welt sind also auf einer höheren Ebene eins. Daher macht jeder einen Unterschied. So wie Gewalt Gewalt zeugt, gebiert Güte Güte.

Wenn wir in uns hineinhorchen und die Insel der Friedfertigkeit in der Mitte unseres Herzens entdecken, finden wir Gelassenheit, Geborgenheit und Glück – und verändern dabei ein wenig die Welt, in der wir leben.

 ## KURMAS LOB DER FRIEDFERTIGKEIT

Mit der Welt im Einklang sein,
das heißt Siegen durch Nichtkämpfen.
Daher siegt,
wer schweren Herzens kämpft.
Daher siegt,
wer keine Freude am Kämpfen hat.
Daher siegt,
wer keine Freude am Sieg hat.

KURMAS GEHEIMNISSE

Gelassenheit. Nimm die Dinge nicht zu wichtig – vor allem aber nicht dich selbst!

Langsamkeit. Mit Eile lässt sich das Glück nicht einfangen. Willst du dein Ziel erreichen – mach einen Umweg!

Beständigkeit. Vollende, was du beginnst. Beginne damit, deinem Herzen zu folgen!

Wandlungsfähigkeit. Indem du nachgiebig bleibst und lernst, dich jeder Situation anzupassen, bleibst du lebendig und bewahrst dein Herz vor Starre!

Genügsamkeit. Je weniger du haben willst, desto eher hast du alles, was du willst!

Friedfertigkeit. Öffne dein Herz – wem auch immer du begegnest. Verständnis erzeugt Nähe, Gewalt erzeugt Gewalt!

7 SAMMLUNG

Das Geheimnis, ganz bei sich selbst zu bleiben …

DER SIEBTE WETTLAUF. *Shashaka, der Hase, war inzwischen Schüler von Meisterin Kurma geworden. Er hatte gelernt, dass jede seiner Niederlagen in Wahrheit ein Gewinn war – jeder Wettlauf war eine Lektion. Sein Hochmut war von ihm abgefallen und er dachte überhaupt nicht mehr an Wettläufe. So war er äußerst erstaunt, als Kurma ihm zuzwinkerte und sprach: »Mein Lieber, lange sind wir nicht mehr um die Wette gelaufen. Fast vermisse ich es. Wollen wir nicht heute um die Mittagsstunde einen kleinen Wettlauf machen?« Zunächst glaubte Shashaka, die Meisterin würde sich über seinen vergangenen Ehrgeiz ein wenig lustig machen. Doch offensichtlich meinte sie es ernst. »Lass uns nur ganz kurz laufen – bis zum großen Ameisenhügel.« Shashaka nickte und überlegte immer noch, wie es kam, dass ihn die Meisterin zum Wettlauf aufforderte. Kurma räusperte sich. »Shashaka – gib gut acht! Behalte den Weg in deinem Herzen!« Shashaka verbeugte sich.*

Als die Sonne am höchsten Punkt am Himmel stand, begann der Wettlauf. Kaum hatte Shashaka einige Schritte getan, geschah etwas Unheimliches. Die Sonne verdunkelte sich, als sich der Mond vor die Sonnenscheibe schob. Es war dunkel. Furcht und Verwirrung stiegen in Shashaka auf. Er sah den Pfad vor sich nicht mehr. Ziellos und mit bangem Herzen stolperte er in der Dunkelheit umher. Er wusste nicht, welche Richtung er einschlagen sollte – und selbst wenn er es gewusst hätte: Ängstliche Gedanken beherrschten ihn. Nach einer Weile wurde es wieder hell. Der Mond war vorübergezogen. Im hellen Sonnenlicht sah Shashaka, dass die Meisterin bereits am Ziel angelangt war.

So gewann Kurma, ihre Gedanken sammelnd und im klaren Licht ihres Geistes dem leuchtenden Pfad ihres Herzens folgend, auch den letzten Wettlauf.

Bei Kurmas siebtem und vielleicht wichtigstem Geheimnis geht es darum, sich zu sammeln und sich ganz auf sich selbst zu konzentrieren. Nun können wir im Gegensatz zu Schildkröten natürlich weder unsere Glieder einziehen noch uns in einen Panzer zurückziehen. Doch wir haben andere Möglichkeiten, uns nach innen zu wenden und bei uns selbst anzukommen.

Die Reise nach innen gibt uns die Kraft, die wir brauchen, um unsere Aufgaben zu meistern und unsere Ziele zu erreichen. Sie schenkt uns aber auch klare Einsichten darüber, ob die Ziele, die wir verfolgen, überhaupt in Einklang mit unserem Herzen liegen oder ob wir unsere Energie besser für wichtigere Dinge einsetzen sollten. Nicht zuletzt unterstützt uns der regelmäßige Rückzug aus dem Alltagsbetrieb dabei, Krisen zu überwinden: Wer nämlich bei sich selbst ankommt, entwickelt die dazu nötige Gelassenheit und innere Stärke.

Wenn wir in uns selbst eine Insel der Kraft und Geborgenheit finden wollen, müssen wir natürlich erst einmal nach innen schauen. Wir müssen den Lärm der Welt vergessen, um an unsere eigene Quelle, den Ursprung unseres Seins, zurückkehren zu können. Sammlung ist Konzentration auf das Wesentliche. Und das Wesentliche, das es zu entdecken gilt, ist unser eigener Geist.

Kurma spricht: »Offenheit, Weite und Freiheit entsprechen dem Wesen des Geistes. Den Geist kultivieren bedeutet, ihn in seinem ursprünglichen Zustand bewahren – frisch und klar wie das Wasser eines Bergsees, friedvoll und ruhig wie ein tiefes Tal, grenzenlos wie die Weite des Himmels.«

Die Sehnsucht nach der eigenen Quelle (oder wenn Sie so wollen nach Gott) ist nicht selbstverständlich. Die meisten Menschen verbringen die überwiegende Zeit ihres Lebens damit, ihr Glück im Außen, in ihrer Familie, ihrem Beruf, ihren Freundschaften oder im Besitz, zu finden. Wenn wir uns nach innen wenden, tun wir das normalerweise aus einem von zwei Gründen:

 1. Entweder es hat nicht funktioniert: In unserem Leben ist so vieles schiefgelaufen, dass die Hoffnungen darauf, dass unsere Träume Wirklichkeit werden, sich zerschlagen haben. Zahlreiche Enttäuschungen oder Krisen haben uns an einen Punkt gebracht, wo wir erkannt haben, dass es höchste Zeit wird, unsere Richtung zu ändern.

 2. Oder es hat funktioniert: Unsere Partnerschaft läuft harmonisch, unser Job ist attraktiv und gut bezahlt, wir sind gesund, haben nette Freunde und auch sonst ist alles in Butter – aber trotzdem: Irgendwie lässt uns das Gefühl nicht los, dass uns doch noch etwas sehr Entscheidendes im Leben fehlt …

Wer sich auf die Suche nach Glück und innerer Zufriedenheit macht, der landet wohl früher oder später bei der Meditation. Nicht umsonst gilt die Meditation als die klassische und bewährte Methode, um zu sich selbst zu finden, und sie steht im Mittelpunkt vieler unterschiedlicher spiritueller Schulen.

Meditation führt zu Ruhe, Gelassenheit, Frieden und innerer Stärke. Und genau danach suchen die meisten Menschen, die zu meditieren beginnen. Auch wenn Wissenschaftler inzwischen viele positive Wirkungen der Meditation entdeckt haben: Kaum jemand meditiert, um sein Immunsystem anzuregen, seine Schmerzempfindlichkeit oder sein Cholesterin zu senken, ja nicht einmal um bessere Nerven, mehr Energie oder mehr Vertrauen zu entwickeln. Es ist vielmehr das Gefühl, mit wachem Geist in sich selbst zu ruhen, vollkommen klar zu sehen und sich mit der Welt und dem Universum innig verbunden zu fühlen, das die Reise nach innen so reizvoll macht. Ein meditativer Geist findet seine Belohnung also in sich selbst.

Doch wie meditiert man überhaupt? Wie erreicht man diesen beglückenden Zustand, der sich einstellt, wenn wir innerlich vollkommen gesammelt sind?

Über sein Versagen betrübt besuchte Munki, der Affe, Meisterin Kurma, setzte sich neben sie und sprach: »Ach Meisterin, heute Mittag habe ich Sindhu, den Esel, be-

sucht. Er liegt noch immer krank im Stroh und sein Husten bessert sich nur langsam. Also habe ich Sindhu versprochen, ihm zur Stärkung etwas Kokosmilch vom Strand zu holen. Auf dem Rückweg traf ich Pikki, die Maus, setzte mich kurz zu ihr und verschüttete dabei etwas von der Milch. Als ich dann weiterging, hörte ich die Papageien in den Bäumen krächzen. Ich blickte nach oben, passte nicht auf und verschüttete wieder etwas Milch. Kaum dass ich bei Sindhu angekommen war, fiel ich über eine Wurzel – und so erreichte ich ihn schließlich mit leeren Händen.« Daraufhin erwiderte Kurma: »Besser als mit vollem Geist und leeren Händen ist es, mit leerem Geist und gefüllter Schüssel zu kommen.« »Was bedeutet das – mit leerem Geist?«, fragte Munki. Kurma antwortete: »Ein leerer Geist ist frei von Ablenkung und Zerstreuung. Ist der Geist leer, so ist er gesammelt. Gesammelt ist es leicht, auf seine Schritte zu achten, ohne zu fallen.«

Auch wenn es paradox scheint: Um unser Bewusstsein zu befreien, müssen wir es zunächst »festhalten« und zügeln. Meister fallen bekanntlich nicht vom Himmel. Das liegt ganz einfach daran, dass Übung und Disziplin nötig sind, um ein Meister zu werden. Wer auf einem wilden Pferd frei in alle Himmelsrichtungen reiten will, muss es erst einmal zähmen – sonst bestimmt nicht der Reiter, sondern der Gaul, wohin die Reise geht.

Die naheliegendste Möglichkeit, den Geist zur Ruhe zu bringen, ist Konzentration. Konzentration hilft dabei, die bis zum Rand gefüllte Kokosmilchschüssel gerade zu halten, vorsichtig zu gehen und nichts zu verschütten. Wer sich auf eine Sache konzentriert, der sammelt seine Kräfte und verhindert, dass seine Sinne zerstreut von einer Ablenkung zur nächsten springen.

Konzentration hat jedoch nichts mit Verbissenheit zu tun – im Gegenteil: Wenn Sie kleine Kinder im Sandkasten beobachten, werden Sie feststellen, dass sie zwar völlig in ihrem Spiel aufgehen, trotzdem jedoch ganz entspannt und ausgelassen sind. Entspannte Konzentration ist die Kunst, sein Bewusstsein ganz ruhig und klar auf eine einzige Sache zu richten. Wird die Konzentration dabei lange genug aufrechterhalten, tritt ganz von selbst ein meditativer Zustand ein. Dies gilt umso mehr, wenn wir uns nicht auf eine bestimmte Tätigkeit, sondern ganz auf uns selbst – unsere Körperhaltung, den Atem oder die Aktivität unseres Geistes – konzentrieren.

Auch Achtsamkeit ist eine wunderbare Möglichkeit, ganz von selbst in die Meditation zu finden. Ebenso wie bei der Konzentration geht es auch bei der Achtsamkeit darum, sich zu sammeln. Doch während Konzentration eher dem Strahl einer Taschenlampe gleicht, entspricht Achtsamkeit einem Flutlicht. Sie erweitert Ihren Blickwinkel, da Sie nicht nur einen bestimmten Punkt, sondern einen ganzen Komplex genau wahrnehmen können. Während einpunktige Konzentration sich gut eignet, um die schwarze Mitte der Zielscheibe zu fixieren, ermöglicht Achtsamkeit es, auch noch das Zwitschern der Vögel zu hören, das Grün der Bäume im Hintergrund zu erfassen und seinen Atem zu spüren, bevor der Pfeil abgeschossen wird.

Geheimnis VII – Sammlung

*Die Sonne stand schon tief, als Munki noch immer bei Kurma saß. Gähnend sprach das Äffchen: »Entschuldigt mich, Meisterin, ich bin so müde, dass ich mich sogleich verabschieden muss, um mich schlafen zu legen. Doch verratet Ihr mir noch ein Geheimnis, bevor ich gehe?« »Aber sicher«, antwortete Kurma, woraufhin es sogleich aus Munki hervorsprudelte: »Von Yuna, der Eule, habe ich gehört, dass Ihr Freude daran habt, den Sonnenuntergang zu betrachten und dass Ihr nachts oft spazieren geht, um die Sterne zu beobachten. Ich würde Euch so gerne einmal dabei begleiten – aber ich bin schon am frühen Abend so erschöpft und ausgelaugt, dass ich zuvor todmüde einschlafe. Wie schafft Ihr es nur, so spät noch aktiv zu sein?« Kurma schwieg eine Weile, dann sprach sie: »Munki, mein Lieber, den ganzen Tag springst du von einem Ast zum nächsten – und da wunderst du dich, dass du früh erschöpft bist? Willst du deine Energie sammeln, so halte deinen Körper vollkommen bewegungslos. In vollkommener Stille sitzend kannst du die Zeit vergessen. Die Zeit vergessend wird deine Lebenskraft nicht mehr an den Lauf der Sonne gebunden sein.«*

Um innerlich still zu werden, sollte man zunächst äußerlich still werden. Den Körper nicht mehr zu bewegen fällt leichter, als den Geist nicht mehr zu bewegen. Das Gute daran ist, dass sich allein durch das Sitzen in völliger Regungslosigkeit auch unsere Gedanken und Gefühle beruhigen.

Viele Meditationsformen betonen die Stille im Körper. Spezielle Sitzhaltungen, die besonders im Zen und im Yoga hervorgehoben werden, dienen dazu, über längere Zeit aufrecht und regungslos sitzen zu können, ohne einzuschlafen oder sich zu verkrampfen.

Üblicherweise sitzt man bei der Meditation auf dem Boden. Das hat Vorteile, da man dabei sehr stabile Sitzhaltungen einnehmen und einen guten Kontakt zum tragenden Boden wahren kann. Doch natürlich können Sie ebenso auf einem Stuhl sitzen. Der sollte dann allerdings so hoch sein, dass Ober- und Unterschenkel einen Winkel von 90 Grad bilden können. Achten Sie darauf, aus eigener Kraft zu sitzen, ohne sich anzulehnen. Die Füße sind etwa schulterbreit auseinander und berühren den Boden mit der ganzen Sohle.

Wenn Sie auf dem Boden meditieren wollen, sollten Sie ein Sitzkissen oder eine zusammengefaltete Decke benutzen. Dabei empfehlen sich vor allem die folgenden Haltungen:

  Der Fersensitz, bei dem der Rücken ganz von selbst gerade gehalten wird. Dabei sitzen Sie auf den Fersen, die Fußrücken und die Vorderseite der Unterschenkel berühren den Boden. Ein kleines Kissen zwischen Fersen und Gesäß erleichtert die Stellung. Alternativ können Sie auch einen Meditationsschemel benutzen.

  Der Lotossitz eignet sich nur für sehr gelenkige Menschen, wenngleich die Haltung äußerst stabil ist. Dabei werden die Beine gekreuzt, der rechte Fuß wird auf den linken Oberschenkel, der linke Fuß auf den rechten Oberschenkel (oder umgekehrt) gelegt. Dieser Sitz wird für die meisten Menschen erst nach langer Übung einigermaßen bequem. Wenn Sie nicht sehr gelenkig sind, sollten Sie die Stellung keinesfalls erzwingen!

 Der halbe Lotossitz ist eine leichtere Variante. Die Beine werden gekreuzt – der rechte Fuß wird dabei ganz nahe zum Körper gezogen, der linke Fuß wird dann auf den rechten Unterschenkel gelegt (oder umgekehrt). Ein Sitzkissen erleichtert es sehr, den halben oder vollen Lotossitz einzunehmen und die Wirbelsäule aufrecht zu halten.

Die Hände können Sie locker auf die Oberschenkel legen – entweder mit den Handflächen nach unten oder oben. Sie können natürlich auch eine traditionelle Handstellung wählen, beispielsweise indem sich Daumen und Zeigefinger berühren und einen Kreis bilden oder die Hände unterhalb des Nabels zu einer »Schale« ineinandergelegt werden. (Der linke Handrücken liegt dabei in der rechten Handfläche und die Daumen berühren sich.)

Den Körper völlig bewegungslos zu halten, ist ungewohnt, da wir uns im Alltag normalerweise ständig bewegen – und sei es nur minimal, indem wir etwa mit dem Fuß wippen oder mit den Fingern trommeln. Damit die Stille im Körper sich auch auf unseren Geist ausdehnen kann, sollten wir außerdem mindestens 15 Minuten lang durchhalten. Daher ist es wichtig, dass wir uns in unserer Haltung wohlfühlen und gut zentriert sitzen, indem wir unsere Kraft im Unterbauch sammeln. Bei aller Liebe zum Detail geht es bei der

Meditation doch nicht darum, »gekünstelt« zu sitzen, sondern darum, innerlich ruhig zu werden.

Kurma spricht: »Es genügt nicht, einfach nur stillzuhalten, denn das kann jeder Stock, wenn er nur starr genug ist. Soll das Sitzen zum Erwachen führen, muss der Geist wach und achtsam bleiben. Selbst in scheinbarer Untätigkeit vollkommen lebendig bleiben – darin liegt das Geheimnis.«

Bei der Meditation im Sitzen sollten wir weder einschlafen oder in Trance fallen noch zur Litfaßsäule erstarren: Wir sollten wach und lebendig bleiben und keinesfalls stur sitzen. Eine gewisse »Sturheit« oder sagen wir lieber Beständigkeit ist jedoch bei unserem Entschluss notwendig, uns für einen kurzen, festgelegten Zeitraum nicht zu bewegen. Hier ist wichtig, dass wir uns bewusst dafür entscheiden, diese Zeit durchzusitzen, komme da, was wolle.

Einfach nur still und bewegungslos sitzen – das ist im Grunde schon die ganze Übung; aber ohne Disziplin geht selbst das nicht. »Eiserne Disziplin« ist damit jedoch nicht gemeint, denn es geht natürlich nicht darum, die Zähne zusammenzubeißen. Vielmehr brauchen wir die Art von Disziplin, die ein Musiker an den Tag legt, wenn er schwierige Passagen übt – eine Art von gezielter Aufmerksamkeit, die immer wieder hinlauscht, den Klang abändert und verbessert und die ganze Zeit über flexibel bleibt.

Aus Kurmas Übungen:
Stille im Körper

Nehmen Sie eine bequeme Sitzhaltung ein, in der Sie problemlos 15 bis 20 Minuten aufrecht sitzen können. (Stellen Sie sich einen Wecker, damit Sie wissen, wann die Zeit rum ist.) Lehnen Sie sich nicht an. Schließen Sie die Augen, lassen Sie Ihren Atem frei strömen und dann … vergessen Sie alles, was nicht mit Ihrer Körperhaltung zu tun hat. Wenden Sie sich von Ihren Gedanken und Gefühlen ab und Ihrem Körper zu. Denken Sie nicht mehr – spüren Sie nur noch:

- Sitzen Sie wirklich aufrecht?
- Spüren Sie den Boden (oder die Stuhlfläche) unter sich?
- Sind Schultern, Nacken und Gesicht entspannt?
- Machen Sie sich die Haltung Ihres Körpers von unten nach oben bewusst – erst die Füße und Beine, dann die Wirbelsäule, Nacken und Kopf sowie die Haltung der Hände …
- Bleiben Sie bewegungslos wie ein Berg – Bauch und Becken sind dabei das Zentrum Ihres Körpers, aus dem die Wirbelsäule sich frei aufrichten kann. Beobachten Sie weiterhin Ihre Körperhaltung und tauchen Sie ganz in das Hier und Jetzt Ihres Körpers ein.
- Um die Übung zu beenden, strecken Sie sich kurz durch und öffnen dann die Augen.

Auch die Beobachtung des eigenen Atems führt zur Sammlung. Indem wir unserem Atem die Chance geben, ganz von selbst zur Ruhe zu kommen, können wir mentalen Ballast loslassen und unser Gemüt von Aufregung, Aggressionen, Niedergeschlagenheit oder Erschöpfung befreien. Der Atem kann uns auf sanfte Weise in den Zustand der Meditation hineintragen, sofern wir ihn nicht zu irgendetwas zwingen, sondern ihn einfach nur in seinem eigenen Rhythmus kommen und gehen lassen.

Kurma spricht: »Das Ein- und Ausatmen frei gewähren lassen – das heißt, seinen Atem in Harmonie bringen. Ist der Atem harmonisch, so werden sich Schwierigkeiten ganz von allein auflösen. Indem du deinem Atem gestattest, an seine Quelle zurückzukehren, wird der Geist ruhig und frei.«

Bei der Atemmeditation geht es nicht darum, seinen Atem zu verändern, ihn willentlich zu vertiefen oder gar anzuhalten. Stattdessen wird der Atemvorgang selbst zum Objekt der Konzentration. Im Atem zeigt sich, dass Ruhe und Harmonie unserem natürlichen Zustand sehr viel eher entsprechen als Wut, Ärger oder Nervosität. Aufbrausende Emotionen sind meist nur von kurzer Dauer – und je besser es uns gelingt, den Atem einfach fließen zu lassen, desto mehr werden wir erkennen, dass er im Laufe der Zeit ganz von selbst langsamer, ruhiger und tiefer wird. Indem wir der Bewegung des Atems achtsam folgen, sammeln wir unsere Lebensenergie und erfahren die wohltuenden Wirkungen der Stille.

Als Kurma auf der Lichtung spazieren ging, sah sie Munki, das Äffchen, reglos im Gras sitzen. Munki sah Kurma kommen, begrüßte sie freundlich und sprach: »Meisterin, wie Ihr seht, habe ich begonnen, die Regungslosigkeit im Körper zu üben. In der Tat habe ich nur noch selten Lust, wild durch den Wald zu springen. Meine Erschöpfung ist verschwunden und letzte Nacht bin ich sogar lange Zeit wach geblieben und habe mir die Sterne angeschaut. Doch leider ist mein Geist oft noch voller Unruhe: Bin ich auf dem Weg zum Fluss, so kehre ich plötzlich um, da ich lieber Yuna besuchen möchte. Auf dem Weg zu Yuna fällt mir dann ein, dass ich Hunger habe, und so schlage ich den Weg ins Tal ein, in dem die Bananen wachsen. In Richtung der Bananen wandernd denke ich dann doch wieder an den Fluss – und so bleibt mein Herz ständig rastlos.« Kurma lächelte Munki gütig an und erwiderte: »Wie mir scheint, sind es deine Wünsche und Gedanken, die nunmehr von Ast zu Ast springen. Willst du deine Rastlosigkeit überwinden, so halte dich an deinem Atem fest.« Munki blickte Kurma argwöhnisch an und sprach: »Wie soll ich mich denn an so etwas Flüchtigem wie dem Atem festhalten?« Darauf sagte Kurma: »Sich am Atem festhalten bedeutet, sich im Atem zu sammeln. Zwinge deinen Atem zu nichts: Ist er kurz und flach, so erkenne: ›Der Atem geht kurz und flach.‹ Ist er hingegen lang und tief, so erkenne: ›Mein Atem ist lang und tief.‹ Achtsamkeit ist alles, was nötig ist. Indem du dich ganz hineinvertiefst, kehrst du in die Mitte zurück. In die Mitte zurückgekehrt gibt es nichts mehr, was dich deiner Ruhe berauben könnte.«

Wem es leicht fällt, seine Gedanken zur Ruhe zu bringen, indem er sich einzig auf die Bewegungslosigkeit seines Körpers konzentriert, der braucht überhaupt nicht auf seinen Atem zu achten. Viele Menschen haben aber ein Problem, wenn sie versuchen, einfach nur »still zu sitzen«. Der Körper ist ein relativ großes Meditationsobjekt. Man muss ein Gefühl dafür entwickeln, ob es im jeweiligen Augenblick besser ist, sich auf die Haltung seiner Wirbelsäule, die Kraft im Unterbauch, die Spannung der Muskulatur oder andere Körperbereiche zu konzentrieren. Die Beobachtung des Atems fällt daher oft leichter, denn hier ist der Gegenstand der Meditation sehr übersichtlich – das Heben und Senken des Bauchs.

Aus Kurmas Übungen:
Die Atembewegung beobachten

Sie können die Bewegung Ihres Atems nutzen, um alle störenden Gedanken und Gefühle loszulassen. Ihr Atem ist ständig in Bewegung, Sie haben ihn überall dabei, und daher eignet sich das Beobachten des eigenen Atems nicht nur für die morgendliche (oder abendliche) Meditation, sondern auch, um sich zwischendurch einmal zu sammeln.

Setzen Sie sich aufrecht hin, schließen Sie die Augen und beobachten Sie einfach nur das Kommen und Gehen Ihres Atems. Tendenziell sollten Sie dabei eher versuchen, achtsam zu sein, als sich zu konzentrieren. Eine zu starke, einpunktige Konzentration auf den Atem kann dazu führen, dass Sie sich verkrampfen. Wenn Sie aber zwischendurch bemerken, dass Sie Ihren Atem »machen«, statt ihn einfach fließen zu lassen, ist das auch nicht weiter schlimm, da sich das früher oder später ganz von allein legen wird.

Beobachten Sie einfach nur, wie das Ein- und Ausströmen des Atems dazu führt, dass Ihre Bauchdecke sich hebt und senkt. So wie Wellen, die kommen und gehen. Sie atmen ein, der Bauch dehnt sich sanft – Sie atmen aus, die Luft strömt aus, und dabei bewegt sich der Bauch wieder ganz von selbst nach innen zurück.

Versuchen Sie, gar nichts zu tun. Genießen Sie einfach nur, wie Ihr Atem Körper, Seele und Geist durchdringt. Wenn Gedanken, Stimmungen oder Gefühle auftauchen, so kehren Sie jedes Mal einfach wieder geduldig zum Atem zurück. Genießen Sie die Klarheit und die Ruhe, die dabei in Ihrem Bewusstsein entstehen.

Beenden Sie die Übung, indem Sie einige Male tief durchatmen.

Stille im Denken zu erlangen – darin liegt letztlich der Sinn jeder Form von Sammlung. Ob bei der Achtsamkeit im Handeln, der Bewusstheit im Körper oder beim Beobachten des Atems, im Grunde geht es immer nur darum, an die Quelle zurückzukehren. »An die Quelle zurückkehren« – das bedeutet nichts anderes, als Geborgenheit in sich selbst zu finden.

 *Kurma spricht: »Vergiss die Worte. Vergiss die zehntausend Dinge. Nähre das eine und beherrsche deinen Geist. Tue das Nichttun und wahre das Wissen um die eigene Quelle. Trittst du in die unendliche Weite deines Geistes ein, so kann Feuer dich nicht mehr brennen, Regen dich nicht mehr nässen, Leid dich nicht mehr erschüttern. Weiße Wolken sammeln sich auf dem Gipfel, süßer Tau benetzt das Gras unter deinen Füßen, während dein Geist zur Freiheit gelangt.«*

Wie ein Schleier legt sich der graue Alltag über das klare Licht unseres Geistes. Wie ein Lampenschirm den Strahl der Lampe dämpft, so dämpfen alle unruhigen Bewegungen unseres Bewusstseins die ursprüngliche Kraft, Klarheit und Freude im Innersten unseres Wesens. Zerstreuung ist der größte Feind der Sammlung. Zerstreuung entsteht, wenn wir uns von inneren und äußeren Einflüssen mitreißen lassen. Nicht nur Sorgen, Ängste oder Niedergeschlagenheit zerstreuen unseren Geist, sondern auch die vielen Meinungen und Ansichten, die von allen Seiten an uns herangetragen werden, sei es nun durch Radio, Fernsehen und Internet oder durch Freunde und Bekannte.

Munki, der Affe, war besorgt. Schlechte Nachrichten waren an sein Ohr gedrungen. Kurz vor Sonnenuntergang suchte er daher Kurma um Rat auf: »Guten Abend, Meisterin«, sprach Munki. »Ich bin in großer Sorge: Heute traf ich die schlaue Eule Yuna, und sie sagte voraus, dass die Zeit der großen

Feuer sehr bald einbrechen wird und dass vielleicht auch unser Wald betroffen sein wird. Als ich Pikki, die Feldmaus, darauf ansprach, riet sie mir, mich tief in die Erde zu graben. Mahuna, der Büffel, wollte mich überreden, den Wald sogleich zu fliehen und mit ihm in die Wüste zu ziehen, dorthin, wo kein Feuer Nahrung findet. Schließlich traf ich Manduki, den Frosch, der mich überreden wollte, mit ihm im Wasser zu sitzen, bis die Zeit der Feuer vorüber sei. Nun bin ich ganz verwirrt und weiß weder ein noch aus.« Kurma schüttelte den Kopf und sprach: »Ach Munki – du bist keine Maus, wie willst du dich da in die Erde graben? Du bist kein Büffel, wo willst du in der Wüste Bäume finden, in denen du klettern kannst? Und im Wasser zu hausen, das mag einem Frosch wohl anstehen – doch einem Affen, der nicht einmal schwimmen kann? Besser du findest selbst deinen Weg.« Munki antwortete: »Das ist ja das Problem: Ich sehe die Lösung einfach nicht.« Darauf sprach Kurma: »Die vielen Ansichten sind wie Wellen auf stürmischer See. Die vielen Befürchtungen kommen und gehen. Beobachte deinen Geist, tauche in die Stille ein – so wirst du frei davon.«

Am nächsten Tag sah Kurma, wie Munki fröhlich und zufrieden oben in seiner Palme saß. »Wie ich sehe, bist du noch nicht fortgelaufen«, sprach Kurma. »Oh nein«, erwiderte Munki, »warum soll ich auch Höhlen in die Erde graben oder ins kalte Wasser springen, wo doch weit und breit kein Feuer zu sehen ist? Wach bleiben und den Lauf der Dinge aufmerksam beobachten – das scheint mir der beste Weg zu sein. Sollte Feuer ausbrechen, so wird es wohl nicht vom Himmel fallen: Ich werde den Rauch sehen oder werde hören, wie die Papageien fliehen. Kommt es mir zu nahe, werde ich es sicherlich wittern. Dann bleibt immer noch Zeit, das Weite zu suchen. Im Moment jedoch sieht es nicht so aus, als ob die Glut der Sonne die Erde verbrennen wird ...« Munki deutete zum Himmel. Kurma blickte nach oben und lächelte, als sie von Weitem dicke, schwarze Regenwolken heranziehen sah.

Die Ablenkungen von außen sind das eine. Mindestens genauso lästig sind aber auch die Zerstreuungen unseres eigenen Geistes. Freiheit von inneren und äußeren Störenfrieden ist jedoch die Voraussetzung dafür, in die Wirklichkeit des lebendigen Augenblicks eintauchen zu können.

Solange Gedanken und Gefühle unseren Geist wie Wellen oder Stürme aufwühlen, ist es unmöglich, auf den Grund der Tiefe zu blicken. Das wahre Sein schweigt, solange wir sprechen; doch wenn wir schweigen, spricht es zu uns.

Leider können wir die unruhigen Bewegungen unseres Geistes nicht einfach abstellen, indem wir einen Schalter umlegen. Doch es gibt eine andere Möglichkeit, Ruhe, Stille und Frieden in sich selbst zu entdecken. Dazu müssen wir einfach nur lernen, unseren Geist zu beobachten und die Fallen erkennen, in die unsere Gedanken, Gefühle und Fantasien immer wieder hineintappen. Der Trick besteht darin, das Karussell samt der vielen Kinder, die darauf sitzen, freundlich und offen zu betrachten, ohne jedoch selbst mitzufahren.

Aus Kurmas Übungen:
Den Geist zur Ruhe kommen lassen

Die eigenen Gedanken und Gefühle zu beobachten und besser kennen zu lernen – das ist nicht schwer, sondern nur eine Frage regelmäßiger Praxis. Das Einzige, was Sie dabei »tun« müssen, ist aufrecht und entspannt sitzend auf die Wolken zu achten, die durch Ihren Geist ziehen. Darüber hinaus sollten Sie sich immer wieder bewusst machen, dass jenseits dieser Wolken der freie blaue Himmel auf Sie wartet.

Sie können die Wolken Ihrer Gedanken und Gefühle in Kategorien einordnen, denn sie beziehen sich meist auf

- vergangene Erlebnisse,
- Vorstellungen über die Zukunft,
- Pläne oder Hoffnungen,
- Ängste, Sorgen oder Befürchtungen,
- innere Bilder oder Klänge,
- Selbstgespräche und Grübelei,
- »äußere« Störungen wie Lärm oder Schmerzen in den Knien.

Sie können Ihre Gedanken und Gefühle auch einfach nur in die Rubriken »angenehm«, »unangenehm« und »neutral« einordnen. Oder aber Sie beobachten einfach nur, ohne zu ordnen oder zu werten. Vermeiden Sie es jedoch, Ihren Gedanken nachzuhängen. Kommt ein ängstlicher Gedanke, so erkennen Sie: »Aha – ein ängstlicher Gedanke«, ohne dabei ins Grübeln oder in die Sorgsucht zu verfallen.

Das Wesen des Geistes ist ohnehin rein und still – und bei der Sammlung geht es nur darum, das zu erkennen. Das funktioniert aber nicht, indem Sie etwas Bestimmtes »machen«, sondern nur, indem Sie alles zulassen, was kommt, um es anschließend wieder loszulassen.

Die Sammlung im Hier und Jetzt ist sehr hilfreich – nicht nur auf dem Meditationskissen, sondern auch mitten im Leben. Durch sie vermeiden Sie es, sich an der Vergangenheit festzuklammern (die längst vorbei ist) oder sich auf die Zukunft zu fixieren (die ohnehin von selbst kommen wird).

Die eine Möglichkeit, das Geheimnis der Gegenwart zu entdecken, liegt in der Entwicklung der Achtsamkeit. Sie können Achtsamkeit in jedem Augenblick Ihres Lebens üben – beispielsweise indem Sie beim Spazierengehen Ihre Füße spüren, statt an das bevorstehende Telefonat mit Ihrer Schwiegermutter zu denken; oder indem Sie eine Tasse Tee trinken, ohne Zeitung zu lesen – einfach nur, indem Sie die heiße Tasse in Ihren Händen spüren, den Geruch und Geschmack des Tees intensiv aufnehmen und zugleich Ihren Atem wahrnehmen.

Aus Kurmas Übungen:
Achtsam werden in drei Schritten

Genau dieser Moment genügt vollkommen. Sie können ohnehin nur im jeweiligen Moment leben, auch wenn Ihre Gedanken noch so weit vorauseilen oder hinterherhinken. Jede noch so unbedeutende Tätigkeit kann zum Türöffner werden, denn sie lädt Sie dazu ein, den Weg nach innen zu gehen. Ob Sie unter der Dusche stehen, Auto fahren, Ihrem Kind eine Geschichte erzählen oder Musik hören ist dabei ganz egal. Um den gegenwärtigen Moment bewusst erleben zu können, können Sie einfach die folgenden drei Schritte anwenden:

1. Stellen Sie sich zunächst die Frage: »Was mache ich hier eigentlich gerade?« Diese Frage hilft Ihnen dabei, zerstreute Gedanken einzusammeln und sich auf den jetzigen Moment zu konzentrieren.

2. Beantworten Sie die Frage ganz einfach und rational. Sagen Sie sich beispielsweise: »Ich lese gerade.« Der zweite Schritt hilft Ihnen, sich Ihrer selbst bei Ihrer jeweiligen Tätigkeit bewusster zu werden.

3. Benutzen Sie nun eine einfache Formel: »*Wenn ich XXX, dann XXX ich. – XXX ist mehr als genug.*« In unserem Beispiel hieße das: »*Wenn ich* lese, *dann* lese ich. – Lesen *ist mehr als genug.*«

Durch den dritten Schritt machen Sie sich bewusst, dass es nicht nötig ist, jetzt irgendetwas anderes zu tun, als einfach nur auf dem Sofa zu sitzen und zu lesen. Auf diese Weise trainieren Sie Ihre Achtsamkeit und entwickeln zugleich innere Ruhe.

Neben der Achtsamkeit gibt es noch eine weitere, verwandte Möglichkeit, das Hier und Jetzt für sich zu entdecken. Sie besteht darin, voll und ganz in das Leben einzutauchen. Indem wir uns vollkommen auf das einlassen, was uns jeweils begegnet, verlieren wir die Angst, die wir üblicherweise vor dem Unbekannten entwickeln. Sich ganz in etwas hineinzubegeben, erfordert allerdings etwas Mut. Und es erfordert, dass wir darauf vertrauen, dass wir alle nötigen Qualitäten besitzen, um jede Situation zu meistern.

Eines Tages saß Munki, das Äffchen, auf einem Mangobaum am Rande des riesigen Wasserfalls. Da sah er, wie Kurma aus dem Wald spaziert kam, seelenruhig in den Fluss stieg und den Wasserfall hinabstürzte. Entsetzt sprang Munki auf und dachte: »Wie entsetzlich – vielleicht ist Kurma auf ihre alten Tage lebensmüde geworden.« Daraufhin kletterte er so schnell er konnte die Schlucht hinab und staunte nicht schlecht, als Kurma unten heiter und unverletzt aus dem Wasser stieg. »Wie kann das sein?«, sprach Munki. »Meisterin – ich musste mit ansehen, wie Ihr euch das Leben nehmen wolltet, und nun seid Ihr dem Wasserfall unversehrt entstiegen.« Kurma, die gerade noch ein paar Wassertropfen abschüttelte, lächelte und sprach: »Ach Munki, warum sollte ich mein Leben zu beenden trachten? Wo kein Anfang ist, ist ohnehin kein Ende. Vielmehr war mir nach einem kühlen Bad. Also tauchte ich im Wasser einfach mit dem einen Strudel hinein und mit dem anderen wieder hinaus. Und indem ich dem Wasser keinerlei Widerstand leistete, wurde ich selbst zum Fluss – wie sollte ich da wohl Schaden nehmen?«

Indem wir uns dem Fluss des Lebens vollkommen anvertrauen und keinen Widerstand leisten, können wir wahre Geborgenheit in uns selbst finden. Indem wir ganz in die Dinge eintauchen, können wir dem Leben hautnah kommen. Dem Leben nahe zu sein, schenkt Kraft, Vertrauen und Heiterkeit. Auch entwickeln wir dadurch die Achtsamkeit und Offenheit, die wir brauchen, um zu erkennen, dass die wichtigste Stunde immer die jetzige ist und der wichtigste Mensch immer der ist, dem wir jeweils begegnen.

Stille, Freundlichkeit, Offenheit und Mitgefühl sind die Früchte. Die sieben Geheimnisse der Schildkröte sind die Saatkörner, die diese Früchte wachsen und gedeihen lassen.

 KURMAS LOB DER SAMMLUNG

In der Zügelung die Freiheit erkennen,
in der Sammlung den innersten Sinn,
das ist der Weg, den die Alten »Einkehr« nennen:
Einkehr ist Rückkehr zur Quelle,
Entdeckung der großen Stille,
die Kraft, ganz zu sein, der ich bin.

KURMAS
GEHEIMNISSE

1. *Gelassenheit.* Nimm die Dinge nicht zu wichtig – vor allem aber nicht dich selbst!

2. *Langsamkeit.* Mit Eile lässt sich das Glück nicht einfangen. Willst du dein Ziel erreichen – mach einen Umweg!

3. *Beständigkeit.* Vollende, was du beginnst. Beginne damit, deinem Herzen zu folgen!

4. *Wandlungsfähigkeit.* Indem du nachgiebig bleibst und lernst, dich jeder Situation anzupassen, bleibst du lebendig und bewahrst dein Herz vor Starre!

5. *Genügsamkeit.* Je weniger du haben willst, desto eher hast du alles, was du willst!

6. *Friedfertigkeit.* Öffne dein Herz – wem auch immer du begegnest. Verständnis erzeugt Nähe, Gewalt erzeugt Gewalt!

7. *Sammlung:* Bewahre deine Energien, indem du ganz im Hier und Jetzt eintauchst!

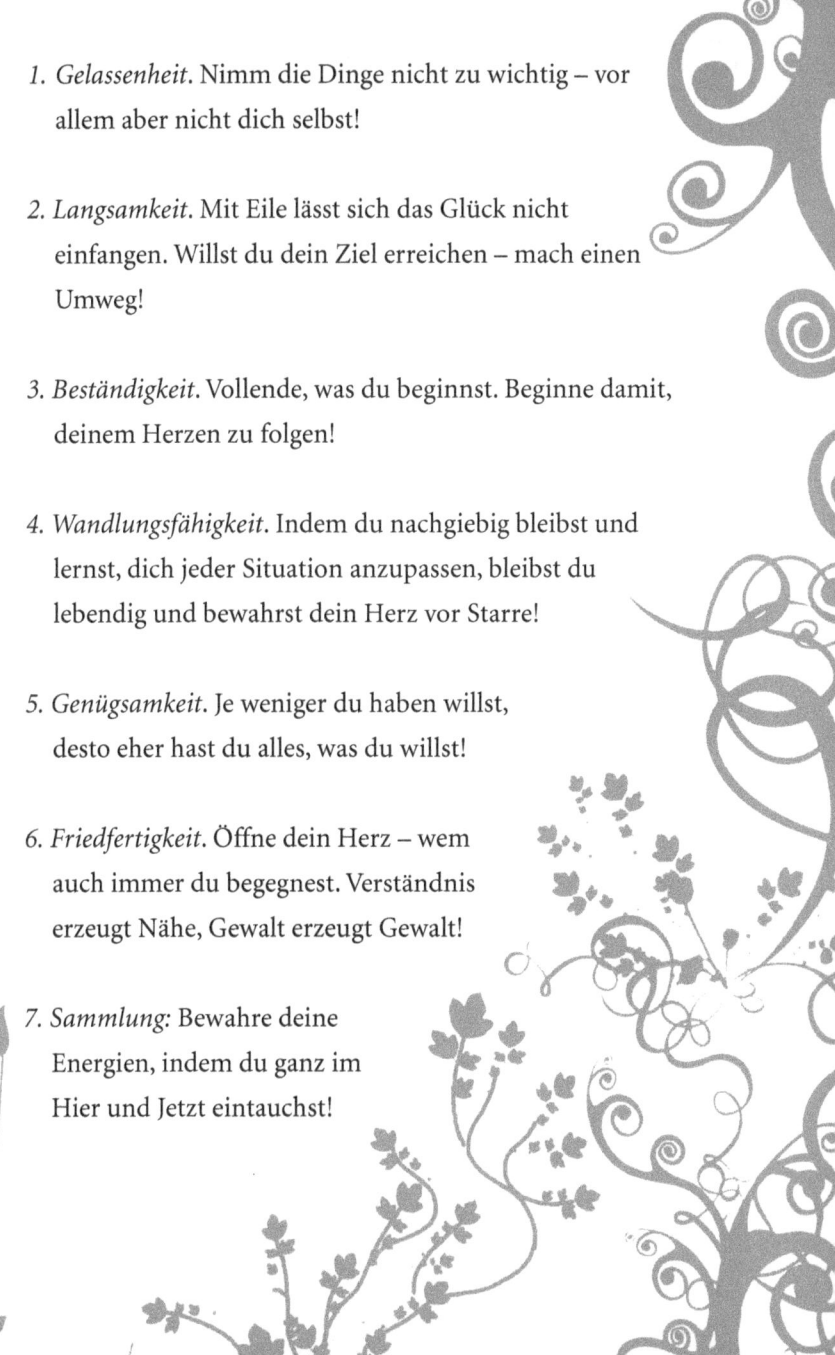

VERZEICHNIS DER ÜBUNGEN

1.	Mentale Allergene erkennen	44
2.	Muskelentspannung Schritt für Schritt	54
3.:	Ganz und gar nichts tun	57
4.	Tief atmen	60
5.:	Zwischendurch ein Mittagsschläfchen	64
6.	Innehalten und loslassen	71
7.	Wie viel Zeit habe ich für mich?	86
8.	Tue was du tust – sonst nichts	94
9.	Finde deinen Rhythmus	99
10.	Langsam, langsam!	107
11.	Die Wiederentdeckung des guten Geschmacks	115
12.	Die Kürze des Lebens wohl bedenken	118
13.	Herzensziele entdecken	128
14.	Belohnung und Strafe	131
15.	Rauchfrei in die Toskana	133
16.	Dem Ziel eine Form geben	136

17.	Das Übergroße teilen	138
18.	»Wahrheit« und Wahrhaftigkeit	144
19.	Abnehmen	148
20.	Den Geist flexibel halten	162
21.	Liebe, was du tust	166
22.	Bewegtes Stehen	177
23.	Die Vorstellung klein halten	190
24.	Wertvolles verschenken	202
25.	Die Gedanken-Bremse	214
26.	Der Wut auf die Schliche kommen	227
27.	Gespiegelte Wut	238
28.	Frosch und Adler	247
29.	Stille im Körper	267
30.	Die Atembewegung beobachten	270
31.	Den Geist zur Ruhe kommen lassen	275
32.	Achtsam werden in drei Schritten	277

Das Kartenset

56 Weisheitskarten und Begleitbuch, um das Leben zu entschleunigen

Mit vielen neuen Übungen, Inspirationen und Affirmationen macht dieses Kartenset Kurmas wertvolles Lebenswissen spielerisch anwendbar: Einfach eine Karte ziehen – und schon erhält man die entscheidenden Impulse, um zu Gelassenheit, innerer Stärke und Harmonie zu finden.

Leseprobe unter **www.ansata-integral-lotos.de**

Lotos

Aljoscha Long & Ronald Schweppe

Endlich gelassen – der kleine Panda zeigt, wie's geht

Gestresst vom Trubel der Welt und enttäuscht von seinen eigenen vermeintlichen Unzulänglichkeiten, begibt sich der kleine Panda Bao auf die Suche nach Glück und innerem Frieden. Ein Buch voller Witz und Weisheit, mit wirksamen Übungen für ein achtsames, gelassenes Leben. Folgen Sie einfach der Spur des Pandas …

978-3-453-70340-7

Leseprobe unter **www.heyne.de**

HEYNE